D1522814

Survival Spanish
for the
Hospitality Industry

Employer—Employee Relations

DATE DUE

NOV 2 9 2000	

Survival Spanish for the Hospitality Industry

Employer—Employee Relations

Donald Diekelman
Hotel and Restaurant Management
University of Wisconsin—Stout

VAN NOSTRAND REINHOLD
New York

Library of Congress Catalog Number 90-47930
ISBN 0-442-00701-9

Printed in the United States of America

Van Nostrand Reinhold
115 Fifth Avenue
New York, New York 10003

Van Nostrand Reinhold International Company Limited
11 New Fetter Lane
London, EC4P 4EE, England

Van Nostrand Reinhold
102 Dodds Street
South Melbourne, Victoria 3205, Australia

Nelson Canada
1120 Birchmount Road
Scarborough, Ontario M1K 5G4, Canada

16 15 14 13 12 11 10 9 8 7 6 5 4 3 2 1

Library of Congress Cataloging-in-Publication Data

Diekelman, Donald.
    Survival spanish for the hospitality industry:
      employer—employee relations / Donald Diekelman.
      p.   cm.
    ISBN 0-442-00701-9
    1. Spanish language—Conversation and phrase books (for restaurant
and hotel personnel) 2. Hotel management—Terminology.
3. Restaurant management—Terminology.   I. Title.
PC4120.R4D54 1990
468.3'421024642—dc20

                                          90-47930
                                          CIP

**TO MY WIFE AND FAMILY FOR THEIR CONTINUED
SUPPORT AND ENCOURAGEMENT.**

To the students and faculty of the Hotel and Restaurant Management
Program at the University of Wisconsin-Stout who realize the
importance of multi-cultural management expertise for meeting the
Hospitality Industry's needs for the 21st century.

Preface

This course is presented to achieve one purpose: to prepare Hotel and Restaurant Management students, in particular those students at the University of Wisconsin-Stout's Department of Habitational Resources, to work with Spanish-speaking personnel ranging from upper management to back-of-the-house staff.

The thrust of the course will be toward role playing with spontaneously created real-life hospitality experiences. This is not the traditional language course with its many drill forms. Grammatical narrative will only be introduced when it seems to require paradigmatic explanation since pronunciation and communication are the prime concern of the instructor. Rules for correct spelling not necessary for oral competence will only be taught incidentally.

This being a manual for improving one's human resource management effectiveness, the participant's indulgence is requested as we continually attempt to "construct" and improve this self-teaching, "user-friendly" manual. Much responsibility rests upon the instructor, who must not only have complete mastery of the language but also must control its use while being aware of the syntactic limitations of the students at given stages of the course.

Contents

Special Thanks

- Mr. John La Bruzzo, former Hotel Consultant for Bally's in Atlantic City, New Jersey and former Managing Director of the Peabody Orlando at Plaza International, was a keynote speaker at the First Hospitality Symposium held at Stout in February of 1988. His enthusiastic presentation together with the great personal friendship we have developed has been a source of constant professional encouragement. Mr. La Bruzzo presently is Vice-President of Hotel Marketing and Operations for Tishman Realty in Lake Buena Vista, Florida.
- Dr. Leland Nicholls, Department Administrator for Habitational Resources, provided every necessary catalyst to initiate this study. Without his support the realization of this manual would have been impossible at this time.
- Without the highly versatile talent of Kim McRae, my task as author would have been more clerical and less creative.
- Acceptability and credibility of the Spanish offered was critiqued by Monica Altatorre, an exchange student at the University of Wisconsin-Stout 1987–1988, and the Summer exchange group-1988, all from ITESM, Instituto Technológico de Estudios Superiores de Monterrey.

Introduction To Students

It is generally agreed that real language learning (as opposed to learning about a language) takes place most easily in real-life situations. As we utilize this workbook as a source material and continually update its contents for future students, it will become evident that we must stress everyday communication.

The approach taken in the course will be basically two-fold. First, usable phrases are learned as units in potentially lifelike situations. Second, "the leader" encourages the learners to make as many variations on those same phrases, incorporating everything applicable that has been previously "learned." **"Learned"** as used here means language information kept in active memory, not in secondary storage.

Success will be measured by understanding what is said and getting ideas across. The more the latter resembles the way fluent users of the language express themselves, the greater will be that success.

Like an acting class, this "language management" course is *OUR* cooperative effort. As this resource material is being continually evaluated by us, *YOUR* comments and criticisms will be incorporated into future revised versions. The entire experience should be worthwhile, and fun.

For those students who may want to self teach the material or assume a "presenter's" role, a Teachers Manual is included at the back of this book.

Acknowledgments

The preparation of a text or manual can be a herculean undertaking; the preparation of a hospitality managerial manual involving a targeted discipline, communicative Spanish, was even more difficult. This work was made possible through the participation of 52 University of Wisconsin-Stout students majoring in Hotel and Restaurant Management. This group took an active part in the special problems class (681–03) during the 1988 Spring Quarter and helped develop, field-test and evaluate the initial experimental offering of the course called "Managing Spanish-Speaking Employees in the Hospitality Industry." To these very supportive participants I owe much gratitude for pushing this manual out of my head into its printed form, **Survival Spanish for the Hospitality Industry.**

This group which constantly inspired and challenged me included:

Kristi Afdahl	Jeff Kletzien
Mónica Altatorre	Heidi Korf
Stephanie Axelson	Kathleen Lang
Malcolm Bellafronto	Paul Lewis
Caroline Bieter	Alan Lindau
James Bolek	Sherri López
Stephen Boylan	Wendy Martin
Joseph Boyle	Chandler McCoy
Anne Branson	Angela Monson
Rochelle Buhr	Mary O'Donoghue
Paul Carlson	Theresa Petersen
Arthur Colum	Allison Pick
Peter Dufek	Jon Place
Richard Edin	Kathleen Prokosch

Thomas Ellison	*Natalie Read*
Lynn Erger	*Greta Reichelsdorfer*
Miguel García	*James Richison II*
Robin Geissler	*Victor Salamone*
Sue Haakenson	*Brian Statz*
Kelly Hattan	*Todd Stinchfield*
Jon Hucko	*Scott Stuckey*
Jason Huebner	*John Trimbell*
Michael Johnson	*John Wang*
Rhonda Kuep	*Lisa Washington*
Mary Kirby	*Georganne Westrich*
Phillip Klenk	*Steven Zunker*

Acknowledgement is here given to the University of Wisconsin System Institute on Race and Ethnicity for the partial funding of a grant proposal submitted to them for the 1988–89 fiscal year which facilitated the successful completion of this workbook/teacher's manual.

John Wang, one of the students who took part in the special problems class, had an opportunity to use his Spanish this past summer. Allow me to quote: "This past summer I worked at the Embassy Suites Hotel in Chicago in the Housekeeping Department. Within the department there were 50 Spanish-speaking employees, of which three-fourths of them didn't speak or understand English. Luckily I had participated in a class at Stout that dealt with problems of communicating with Spanish-speaking employees. We were taught basic conversational Spanish as related to the Housekeeping and Restaurant areas. I highly recommend that Stout Hotel and Restaurant Management students take this class, because my notes from class enabled me to successfully fulfill my position as assistant housekeeper."

STUDENT MANUAL

Case Study

The Fiesta Palace Hotel has just employed you as their interim General Manager due to the sudden resignation of the previous manager. Upon arrival you are confronted with your first OJT experience in "crisis management." You learn that your housekeeping staff is composed of 17 Spanish-speaking employees who speak and/or understand little English. Of your eight front desk clerks only two have minimal Spanish language training. Mabel studied one year of Spanish 23 years ago when she was in high school and Tom is in his first semester of college Spanish.

At noon each day the front desk clerks try to clear and verify the room rack and check the already blocked reservations. However, comment cards have shown an increasing number of guest complaints about unclean rooms and rooms not being available upon check-in, although reservations had been made well in advance.

There is an obvious problem of lack of communication between the front desk and housekeeping. The situation was further heightened when the head housekeeper, who was bilingual, left a few days after the departure of the previous manager.

PROBLEM: With what 14 Spanish words could you establish adequate communication between the two employee groups and guarantee a more exacting room rack check and great reduction in the number of negative guest comments? (Of course you should immediately try to hire another bilingual head housekeeper.)

1.		
2.		
3.		
4.		
5.		
6.		
7.		
8.		
9.		
10.		
11.		
12.		
13.		
14.		

See Page 109—Teacher's Manual

LA HOTELERIA

Lista de Personajes Principales

Fiesta Palace Hotel

Subdirector/subdirectora de ventas

mesero
mesera
"maitre"
Fiesta Palace
Directora de comida y bebida
cocinero
cocinera
lavaplatos
Jefe/jefa de camareras/os
Jefe de mantenimiento

operador, operadora (telefonista)
encargada/o de la tienda
Recepcionista
operador/operadora de computadoras
Jefe de comida y bebida
Director de comida y bebida
Barman/Barmaid
Inspector/a de hoteles

Jefe de contabilidad
Clientes
gerente
camarero/camarera

See Page 110—Teacher's Manual

Lo básico

1. While in English a few words refer to gender (or lack of it), such as she/he/it, Spanish assigns all nouns to one of two categories called "masculine" and "feminine." Often, masculine nouns end in "o" and feminine in "a."
2. Plural is typically shown by adding "s" to words that end in vowels (mesero/meseros; mesera/meseras) and "es" to words that end with consonants (inspector/inspectores).
3. Cognates (*cognados*) make learning Spanish a bit easier than many other languages since they closely resemble their English equivalent. Can you guess where we would use the word persona/personas in the next exercise?

Case Study

Mabel and Tom, working at the front desk at the Fiesta Palace Hotel, have been practicing their Spanish using the basic fourteen words so as to improve communication with the housekeepers. Can you inquire about the status of these rooms with Rosita, one of the housekeepers?

room 437 occupied and clean
room 519 unoccupied and clean
room 846 unoccupied and dirty
room 205 occupied and dirty, 3 people
room 663 unoccupied, dirty
room 789 occupied and clean, 4 people
room 903 occupied and dirty
room 557 unoccupied and clean
room 128 unoccupied and dirty
room 671 occupied and clean, 4 people

See Page 111—Teacher's Manual

Lo básico

1. In written Spanish, all direct and indirect questions begin with an *inverted question* mark (¿) and end with the usual question mark.
2. In conversational Spanish, as in English, the intonation of the voice will indicate a question.

Case Study

Due to the fine job that your Spanish-speaking housekeepers are providing in maintaining cleanliness standards in the guest rooms, you have decided to employ some of their relatives as kitchen helpers. Pablo will be employed as a busboy, but according to law you must complete his I-9 form within the first three days of employment.

1. Do you have a pen?
2. Write your name
    address
    city
3. What's your birthday?
4. What's your social
    security number?
5. Box 2 or 3
6. Legal immigrant
7. Authorized alien
8. Do you have identification?
9. What's the number?
10. Expiration date		

See Page 111—Teacher's Manual

Lo importante

(employment eligibility verification form—2 pages)

Lo básico

1. The months of the year are: enero, febrero, marzo, abril, mayo, junio, julio, agosto, septiembre, octubre, noviembre, diciembre.
2. Full dates are said as follows:

el	primero de	enero	de	1986
	dos	febrero		1645
	tres	marzo		1492
	cuatro	abril		etc.
	etc.	etc.		

3. For numbers, primero is from the ordinal list (primero/segundo/tercero, etc.), but other numbers are from the cardinal list (uno/dos/tres, etc.).
4. Months are generally spelled with lower case initial letters.
5. Years are expressed as mil novecientos...rather than direct English translation, nineteen hundred...

Lo importante		

Necessary Commands... Mandatos Necesarios		
1. Punch in. 2. Put on your uniform. 3. Wear your uniform. 4. Wear your name tag. 5. Smoking is only permitted in the break room.		

See Page 112—Teacher's Manual

SITUATIONAL DIALOGUE: Pablo is about to start his first day of work at the Plaza Restaurant.

1. Take the trash can out to the waiters station. 2. Put in the plastic liner. 3. Make iced tea. 4. Fill the ice bin, please. 5. Make sure that the scoop is on top. 6. Thanks.		

See Page 113—Teacher's Manual

A necessary part of any orientation program for a new employee is the distribution of an employee manual. Beside learning communicative Spanish in order to work with Spanish-speaking employees on a daily basis, anyone using this workbook will be able to distribute a Spanish version of the employee manual and understand its contents.

MANUAL DE EMPLEADOS

Everybody should recognize at least one word in this three-word title (ie: Manual of Employees). As much as possible, cognates (*cognados*) will be used in this section of the workbook and all easily recognized words will be in italics. Skim these words first as you try to determine the meaning of each section of the Employee's Manual.

SISTEMA DE PUERTAS ABIERTAS

La reglas estipulan que cada empleado, cualquiera sea su *posición*, sea tratado con *respeto* y de una *manera justa* en todo momento. Todos las *personas* serán *consideradas elegibles para* cualquier puesto, *promoción o entreñamiento* a base de su *calificación,,* sin *discriminación* respecto a su *raza, color, sexo, nacionalidad,* edad, *incapacidad* o cualquier otra base protegida por la ley.

Reconocemos que, a pesar de los mejores esfuerzos, todos los seres *humanos* pueden cometer *errores.* Queremos corregir esos errores tan pronto como *ocurran.* Sus *problemas* pueden ser tales que usted desee hablar acerca de ellos *directamente* con su *supervisor.* Siéntase siempre con la *libertad* de hacerlo. También nosotros queremos escuchar sus preguntas o las *ideas* que usted pueda tener.

LAS REGLAS DE PUERTAS ABIERTA (cont'd)

Paso 1—Hable con su *supervisor* y, "ponga sus cartas sobre la mesa".
Generalmente, entre usted y su supervisor podrán resolver el problema.

Paso 2—Si no puede arreglarlo con su supervisor, vea al gerente del hotel (restaurante). El/ella examinará todos los *factores* y tratará de *resolver* el *problema* de una *manera justa* y equitativa.

Paso 3—Una *conferencia* con el *director* de su *distrito.*

Paso 4—*Comunicación* con el *vice-presidente* principal o el vice-presidente de recursos humanos de la *corporación.*

No habrá *discriminación* o *recriminación* contra un empleado que *utiliza* este *procedimiento.*

See Pages 115–116—Teacher's Manual

Lo importante

Lo básico—Can you guess?

1. Words in English that commonly end in *TION* end in what four letters in Spanish? What other distinct difference do you note in the spelling of these words?
2. Words in English that end in *TY* may end in what three letters in Spanish?
3. Many adverbs in English end in *LY*. How do we recognize an adverb in Spanish?
4. enero, febrero, marzo, abril, mayo, junio, julio, agosto, septiembre, octubre, noviembre, diciembre

Case Study

Pablo has been doing an outstanding job in the Restaurant Plaza working in the kitchen and readying the wait station. This week his responsibilities have been broadened by the head waiter/waitress.

IN THE KITCHEN

(En la Cocina)

1. Take the coffee pots from the sink in the kitchen.		
2. Scrub them thoroughly.		
3. Rinse and dry the outside.		
4. Make the coffee.		

See Page 117—Teacher's Manual

AT THE WAIT STATION

(En la estación de meseros)

1. Check the paper supplies:		
condiments		
ketchup		
mustard		
salad dressing		
jellies		
syrup		
glassware		
silverware		
knives		
forks		
spoons		
crackers		
2. Wipe down the entire work area.		

See Page 118—Teacher's Manual

IN THE DINING ROOM

(En el comedor, restaurante)

1. Reset the unset tables.		
2. Rearrange (straighten) the: silverware ashtrays sugar caddies salt/pepper shakers table covers 3. (on all tables)		

See Page 119—Teacher's Manual

MANUAL DE EMPLEADOS *EMPLEADOR DE IGUAL OPORTUNIDAD* Esta *compañía* se ha comprometido a una política de *igualdad* de *oportunidad* de empleo. Esta política se observa en todos los *procedimientos administrativos*, en los que no se tendrán en cuenta *diferencias* de *raza, color, credo, religión, ascendencia, incapacidad, nacionalidad de origen, edad, sexo, estado civil, afiliación política*, o cualquier otra base protegida por la ley.	

PERIODO DE PRUEBA
Como nuevo empleado de esta *organización*, su *período inicial* de prueba será de los primeros noventa (90) días de empleo *continuo*. Este *período* va a *determinar* si está usted *contento* con su *posición* y calificado para su empleo. Si no es así, podemos, *simplemente, separarnos* como amigos.

See Page 120—Teacher's Manual

REVIEW EXERCISE

1. Prepare three responses a front desk clerk could expect of a housekeeper to verify the room rack or check on a room already preblocked (i.e. status of room, room number).
2. You have just arrived at the Hotel Fiesta Palace and Tomás was employed yesterday as a houseboy. Since you have only three days to comply with INS standards and complete his I-9 form, you have called him into your office.
3. After a week Tomás has become a contributing member of the hotel staff and he knows that you are trying to learn more Spanish. Greet him (BUENOS DÍAS) and proceed to get him started on his daily work (ie: mandatos necesarios).

ORAL REVIEW

Practice saying aloud the following phrases, being very careful to try to be exact in their pronunciation. If you have any problems see LO BASICO, following the list to refresh your pronunciation rules.

UNO	LOS MANTELES
DOS	LOS CONDIMENTOS
TRES	LA SALSA DE TOMATE
CUATRO	EL KETCHUP
CINCO	LA MOSTAZA
SEIS	NÚMERO DE SEGURO SOCIAL
SIETE	CUADRITO DOS O TRES
OCHO	INMIGRANTE LEGAL,
NUEVE	...AUTORIZADO
EXPIRACIÓN	¿TIENE DOCUMENTOS?

LICENCIA DE MANEJAR
MARQUE LA TARJETA DE
   TIEMPO
FICHE
USE EL UNIFORME
USE LA PLACA DE SU NOMBRE
SE PERMITE FUMAR SÓLO EN
   EL SALÓN DE DESCANSO
ADEREZOS
MIL ISLAS
ROQUEFORT
ACEITE Y VINAGRE
JALEA
MIEL
JARABE
CRISTALERÍA; VASOS
TAZAS
PLATOS
CUCHILLO
CUCHARA
TENEDOR
GALLETAS SALADAS
LIMPIE TODO EL MOSTRADOR
   EN EL COMEDOR
PREPARE LAS MESAS NO
   PUESTAS
PREPARE LOS CUBIERTOS
LOS CENICEROS
LAS AZUCARERAS
LOS SALEROS
LOS PIMENTEROS

PASAPORTE
VISA
TARJETA VERDE CON FOTO
NÚMERO DEL DOCUMENTO
CERO
LIMPIO
SUCIO
OCUPADO
DESOCUPADO
¿TIENE PLUMA?
ESCRIBA SU NOMBRE
DIRECCIÓN
CIUDAD, PUERLO
SU NACIMIENTO
(DÍA, MES, AÑO)
LLEVE EL BASURERO A LA
ESTACIÓN DE MESEROS
PONGA EL FORRO PLÁSTICO
PREPARE EL TÉ FRÍO
LLENE LA HIELERA
ASEGÚRESE DE QUE LA
CUCHARA ESTÉ ENCIMA
EN LA COCINA
LLEVE LAS CAFETERAS AL
FREGADERO
FRÉGUELAS
ENJUÁGUELAS Y SÉQUELAS
COMPLETAMENTE
PREPARE EL CAFÉ
REVISE LOS ARTÍCULOS DE
PAPEL

Lo básico

1. Persona (person) and gente (people) are both masculine and feminine, even when referring to males or a mixed group. Example: Tomás es una buena persona.
2. Do not confuse cuatro (four) with cuarto (room); cuarto also means a fourth.
3. Mexicans spell the name and their country and related words with an "x" while other Spanish speaking people employ a "j". The pronunciation is not changed, however. In English we pronounce them as a strong "h".
4. Many nouns allow an augmentative ending, such as cucharón, suggesting size. A secondary meaning is that of vulgarity. Other words use a diminutive ending suggesting small size (i.e., mesita, plaquita). The diminutive also carries a sense of affection.
5. Other units of time are: minuto, segundo, hora, día, semana, siglo.

Lo importante

Lo básico-Pronunciation hints

1. The letters "b" and "v" in Spanish have the same sound range and are pronounced like the "b" in the English word "Bob".
2. Curious: The written Spanish "ll" is pronounced like a "y". However, a written "y" is pronounced like the English "e".
3. In the western world, there is seldom a difference between an "s", "c", or "z". They are all pronounced like the English "s" (i.e., todos, esta, hace, or taza).
4. A written Spanish "h" is silent (i.e., HOLA in English is pronounced oh-lah).
5. English vowels are pronounced A-E-I-O-U. The corresponding pronounciation of Spanish vowels is as indicated: A (ah); E (a); I (e); O (oh); U (oo).

Lo importante

EDITOR'S COMMENT
Although some people (many, unfortunately) pronounce the sounds of "b" and "v" almost equally, there is a definite difference between the sound of these letters. Also, there are different ways of pronouncing "ll," depending of what country or area you come from, and there are subtle differences in the way Spanish speakers pronounce the letters s, c, and z. About the "h," some people (fortunately few, here) have a tendency to make it sound like a Spanish "j".

VERBOS USADOS EN EL ARTE CULINARIO

(Can you guess what these words mean?)

agitar: shake
agregar: add
asar: roast, broil, grill; asar a la parrilla:grill
calentar (conj. like empezar): heat (up)
cocer (conj. like volver); cook (as in "the eggs cook")
cocinar: cook (as in "I cook eggs")
colar (conj. like contar): strain; cf. colador: colander, strainer, sieve
dorar: brown (lit. make gold colored)
enfriar: cool off
freír: fry; p.p. frito: fried
escurrir: drain
guisar: cook; guisado: stew (n.)
hervir (hierve): boil; hervir a fuego lento: simmer, boil at slow heat
incorporar: blend
mezclar: mix; la mezcla, mixture
picar: chop, hash; also nibble, munch; carne picada: chopped beef
rallar: grate
revolver: stir; huevos revueltos: "scrambled eggs"

See Page 121—Teacher's Manual

Lo importante

postre(s)	dessert(s)
natilla	cream custard
flan	caramel custard
pastel	pastry, pie
torta	sort of cake
bebidas	beverages
té (helado)	(iced) tea
café m.	coffee
azúcar m.	sugar
agua (mineral)	(mineral) water
con/sin gas	(un) carbonated
leche (fría)	(cold) milk
chocolate m.	chocolate
cerveza	beer
vino (blanco/tinto/rosado)	(white/red/rose) wine
licor m.	liquor
—Quita los platos, por favor.	Take away the plates please.
vaso	glass (water goblet)
copa	glass (for wine)
taza	cup
cubiertos	silverware
cucharita	small spoon
cuchara	spoon
cucharón	ladle
tenedor m.	fork
cuchillo	knife
mesa	table
mantel	tablecloth
servilleta	napkin

Lo importante

Lo importante

—Ya no hay...	—There're no more...
legumbres f.	vegetables
arroz m.	rice
zanahorias	carrots
frijoles	beans
fideos	noodles
papas	potatoes
espárragos	asparagus
chícharos (mex.)	green peas
guisantes (sp.)	green peas
arvejas (am)	green peas
sopa (de...)	(...)soup
caldo (de...)	(...) broth
ensalada	salad
lechuga	lettuce
tomate	tomato
cebolla	onion
alcahofa/alcaucil	artichoke
perejil	parsley
mayonesa	mayonnaise
aceite de oliva m.	olive oil
vinagre	vinegar
carne	meat/beef
ternera (asada)	veal
filete a la plancha	filet cooked on griddle
pollo	chicken
paella (a la valenciana)	rice with chicken and seafood
huevos (fritos)	(fried) eggs
revueltos	scrambled
duros	hard boiled
pasados por agua, tibios	soft boiled (Spain, Mexico)

Pablo has shown continued growth in his skills while working at the Restaurante Plaza. His work in the kitchen and around the waiters' station are of the best quality and the restaurant supervisor has decided to expand his duties.

Lo importante

1. Clean the toaster.		
2. Clean the soup and chocolate well.		
3. Clean and wrap the highchair trays.		
4. Vacuum the carpet.		
5. De-gum and degrease the tables with Windex and a bar towel.		
6. Wipe the chair frames.		
7. Fold silverware rollups.		
8. Fill the salt-pepper shakers.		
9. Prepare two dozen small Italian bread baskets.		
10. Cut the lemons in half and wrap with a twister. (potatoes, celery, apple)		
11. Plate all desserts and wrap.		
12. Clean the water fountain area.		
13. Clean the can opener.		
14. Wash all pots, pans and place them on the shelves.		
15. Separate the silverware.		
16. Peel and cut the potatoes.		
17. Are you wearing a hair net?		

See Pages 124–125—Teacher's Manual

MANUAL DE EMPLEADOS

PROGRAMACIÓN (HORARIO)

Su horario de trabajo está *determinado* por las *necesidades* del *hotel (restaurante)* y puede *variar* de semana en semana. La puntualidad es *parte importante* de su trabajo. *Repórtese* al trabajo a la hora *asignada.*

PROCEDIMIENTOS DEL RELOJ

Todos los *empleados* pagados por hora *utilizan* una tarjeta de tiempo. Debe *marcar* la tarjeta en el reloj *cinco* (5) *minutos* antes de empezar a trabajar y, al salir, *cinco* (5) *minutos* despues de *finalizar* el trabajo. Es su *responsabilidad asegurarse de* que el tiempo *reportado* en su tarjeta sea el *correcto.* Cualquier *irregularidad* en este procedimiento, o marcar la tarjeta por una *persona* que no sea la *indicada* en la misma, es una *violación seria* a las *reglas* que *resultará* en despido de su empleo.

PAGO DE SOBRETIEMPO

Cuando los *empleados* que cobran por hora trabajan más de cuarenta (40) horas en una semana, las horas de sobretiempo no serán pagadas como tiempo y medio. El pago por días feriados, *vacaciones* o días de enfermedad (tiempo no productivo) no será *incluído* en la *determinación* del sobretiempo por más de 40 horas.

AUSENCIA Y TARDANZA

Tardanza y/o ausencia *excesiva* no será *tolerada* y puede resultar en acción *disciplinaria* y hasta en despido. Cuando no pueda *reportarse* a trabajar o va a llegar *tarde*, *se requiere notificar* a la gerencia tan pronto como sea posible, por lo menos con dos (2) horas de *anticipación* a la hora de *iniciación* de sus *labores habituales.*

Ausencia sin avisar a su *supervisor* o gerente por tres (3) días *consecutivos* será base para la *terminación* de su empleo.

See Pages 126–127—Teacher's Manual

Trabajo Adicional
Del Mesero (a)

Can you guess what this section of your workbook is entitled? The numerous phrases listed below are variations of the food and beverage terms you already have mastered but many are somewhat more refined. The Spanish for these phrases, which are divided into specific sections, is included in the Teacher's Manual section of this workbook and may be used by student/teacher as desired. It is not intended that this section "Supplementary Work for Waiter/Waitress" be part of the mandatory course.

SERVER SIDEWORK

For the Deli and The Evergreen Room Restaurants

STATION A

1. Refill ketchup and mustard, clean bottles and caps.
2. Wipe down shelves and doors of coolers, wash rubber seal.
3. Wipe down shelves and doors of cabinets.
4. Wash and refill coffee ground machines.
5. Clean coffee machine and hot plates.
6. Clean coffee warmers.
7. Check sugar packets (all); advise if low.
8. Wipe and organize top shelf.
9. Refill coffee to-go baskets with styrofoam cups, lids.
10. Clean coffee pots in station.

PUB STATION

1. Clean and organize shelves; take out all unnecessary items.
2. Clean and refill all ketchup and mustard.
3. Clear off top shelf and wipe down.
4. Clean coffee pots in station.

PANTRY

1. Cover all ice cream with appropriate covers and clean out all debris.
2. Change all topping containers; have used containers cleaned.
3. Clean shake machine and restock appropriate glassware.
4. Wipe down hot box. Remove all sheet pans.
5. Plastic wrap whipped cream bowl; change when necessary.
6. Wrap all topping containers.
7. Replace Danish soup bowls (A.M.).
8. Fill dressing containers; restock when dressings run low.
9. Wipe down dressing containers.
10. Cut desserts (five each).
11. Cover juices.
12. Wipe microwave, cleaning inside and out.

KITCHEN

1. Remove and clean nozzles from soda machine.
2. Restock bowls, plates, glasses, teapots and creamers.
3. Organize and clean underneath coffee urn (P.M. turn to night stand-by).
4. Clean and organize shelves where jellies are kept.
5. Wipe off syrup containers (A.M.).
6. Cover the warming tray that contains syrups.
7. Wipe off pick-up table. Remove all dirty trays; change sheet pan underneath.
8. Cut lemons and cream cheese.

TOAST AREA

1. Clean toasters; take out plates and wipe underneath.
2. Wipe shelves where baskets are kept; shake out baskets.
3. Fill baskets with crackers (A.M.).
4. Clean soup and hot fudge wells.
5. Restock soup spoons and plates for soup.
6. Replace sheet pans.
7. Restock basket liners.
8. Stock soup bowls.

BUSSER SIDEWORK

1. Carpet sweep floor.
2. Wash walls in station A.
3. Organize and clean back hallway.
4. De-gum tables.
5. Stock station A.
6. Take out garbage station A.
7. Change linen bag in station A.
8. Change linen on tray jack.
9. Stock w/Pub station.
10. Sweep out station A.
11. Clean out bus station.
12. Wipe chair frames.
13. Drain ice bins and clean.
14. Wash tray jacks.
15. Wet vacuum ice cream freezer.
16. Clean and wrap highchair trays.

SERVERS DAILY SIDEWORK

DAILY DUTIES FOR EACH SERVER

1. Fold 40 silverware roll-ups and place in main bustub located on kitchen counter next to 10 serving trays. See diagram on kitchen napkin fold.
2. Clean and wipe all tables (include top tables) before and after your shift.

3. Brush off all chairs in your section after your section is closed. Do not brush crumbs onto the floor.
4. Wipe the table bases of both top and bottom tables of your section.
5. At the beginning and end of your shift, each dinner table should be set with:
   A. Two clean table runners.
   B. Small decanter filled with minimum of six breadsticks.
   C. One clean lamp in the center of the table.
6. Clean and wipe your side station.

SET UP KITCHEN

1. Prepare one pot of coffee, one pot of decaffeinated coffee and one pot of hot water.
2. Make another pot of hot water. Place five bags of English Tea into the pot and allow to steep (off the burner). After the tea has been allowed to steep, place the tea into a large glass pitcher and place on counter to the right of the coffee dispenser.
3. Make sure your tea box is cleaned and filled with the assorted flavors. There should be regular and decaffeinated English Tea in the box at all times.
4. Set up line: one bowl of lemons (approximately 15 wrapped); all steak knives; all lobster forks.
5. Fill 24 small decanters with long Italian breadsticks found on the shelf underneath the coffee dispenser. Place filled decanters in center of each table (minimum of six breadsticks).
6. Fill 36 salt and pepper shakers and place at each dinner table.
7. Make sure there are enough dessert plates, coffee cups and saucers stocked for the evening according to forecasted business.

SIDEWORK TO BE ASSIGNED

1. Lemon and Trays.
   A. Cut 15 lemons in half and wrap with a lemon wrap and twist.
   B. The serving trays cannot go through the dish machine. At the end of each shift, clean with warm soapy water and stack upside down to dry overnight. Stack the trays next to coffee machine.
   C. Empty the sugar bowls and send through dish machine. Replace with 15 clean soup cups containing six Hampton Hotel-logo sugar, four Sugar-in-the-Raw, four Sweet 'n Low and two No Salt.
2. Bread and Ice Cream.
   A. Wipe bread warmer inside and out.

B. Fold basket napkins to fill all baskets, plus 20 extra (place extras in large basket).

C. Wipe shelf above bread warmer and organize. There should only be 20 bread baskets and one large basket.

D. Clean sides of ice cream freezer and organize inside.

3. Reach-in/Dessert Coolers.

A. Clean cooler doors, shelves, windows, tracks, moldings, bottoms and walls.

B. Ensure all desserts are plated and wrapped.

C. Clean water fountain.

D. Replace all sheet pans in dessert cooler with clean ones.

E. Wipe shelves in reach-in and organize items.

4. Coffee Station and Sink Area.

A. Clean entire coffee machine area (counter) and steel grid in front of coffee machine.

B. Clean out sink; if the sink is badly stained, use half packet of urn cleaner as you would a cleanser.

C. Remove all items and wipe out shelving underneath the coffee dispensers. When replacing the items, make sure there are two full, clean racks of coffee cups; one case of decaffeinated coffee with the tops cut off the boxes; and one case each of doggie bags and lemon wraps.

D. Clean can opener.

E. Straighten entire counter top. The only thing on the counter should be the coffee dispensers, serving trays and silverware/napkin rolls.

F. Wipe off and organize shelf above coffee dispenser. There should be: tea, tea box, 12 white tea pots, 12 white creamers, plastic wrap, 12 all-purpose glasses and ice tea spoons.

5. Ledge and Pick-Up

A. Wipe window ledge around entire room with a damp cloth after the last guest has left.

B. Make sure all tops of side station are completely empty.

C. Make sure all tables have ashtrays and logo matches.

D. Finish any sidework A-D not completed.

E. Remove breadstick decanter from tables. Run decanters through dish machine and allow decanters to dry overnight. Keep these decanters on the counter top where salts and peppers are kept in small side station.

During your shift keep at least ten breadstick decanters filled with breadsticks to replace at your dinner tables.

See Pages 127–132—Teacher's Manual

Lo importante

Housekeeping

Due to your great success with Pablo in the kitchen and the restaurant, the management has decided to give you experience with the housekeeping staff in order to maximize your potential for a future management position.

Lo importante

CAMARERO/CAMARERA HOUSEKEEPERS		
1. Punch in.		
2. Put on your uniform and nametag, please.		
3. Report to the break room.		
4. Get your master key and room assignments.		
5. Clean the empty rooms first.		
TRABAJO DIARIO (DAILY WORK)		
1. Dust the tops of all furniture.		
2. Clean the mouthpiece and earphone of the telephone.		
3. Polish the chrome.		
4. Vacuum all traffic areas.		
MENSUALMENTE (MONTHLY)		
1. Dust all the doors, both sides.		

TRIMESTRALMENTE (QUARTERLY) 1. Turn the mattresses. 2. Label at the left-hand corner of each mattress must include the current month.		

DEBERES ADICIONALES (OTHER DUTIES) **LOS LUNES** (MONDAYS) 1. Polish the chrome hangers. 2. Wash the mirrors and the light fixtures above the sink.		
LOS MARTES (TUESDAYS) 1. Dust the headboards. 2. Vacuum the complete room. 3. Dust the TV set. 4. Dust all the drawers (with damp rag).		

See Pages 132–134—Teacher's Manual

Lo importante

APARIENCIA PERSONAL

Debido a que nuestro negocio es el servir al *público*, su apariencia personal, su limpieza y sus hábitos de trabajo son vitales. Recuerde que, en los ojos de nuestros *clientes*, "usted es nuestra imagen".

UNIFORMES

Su trabajo *requiere* que usted *use* un *uniforme*, el cual le será *provisto* sin *costo, excepto* los zapatos. Usted debe presentarse a trabajar vistiendo ese *uniforme*, el cual debe estar limpio en todo momento. No se permitirá el uso de zapatillas o zapatos de *gimnasio o tennis*. Al terminar su empleo con el hotel (restaurant) devuelva su *uniforme*, tal como se estipula en el "uniform agreement," antes de *recibir* su *cheque final*.

PROMOCIÓN Y TRANSFERENCIAS

Estamos *dedicados* a ayudarle con su entrenamiento y progreso; siempre tratamos de promover a aquellos *empleados* calificados a posiciones con mayores *responsabilidades*, que *incluyen* entrenamiento avanzado. Trataremos de procesar cualquier solicitud de *transferencia* siempre y cuando no interfiera con las *operaciones* del hotel (restaurante).

ABUSO DE SUBSTANCIAS

El *abuso* de *substancias* puede tener gran *variedad* de efectos en un empleado y en el cumplimiento de sus tareas. *Adicionalmente*, ese abuso puede afectar *negativamente* la operación normal y la seguridad del lugar de trabajo, y puede *resultar* en una *reacción adversa* de los clientes. Para evitar interrupciones en las operaciones normales del lugar de trabajo, y para mutuo beneficio, requerimos que todo empleado que padezca de cualquier tipo de addicción busque, y obtenga, ayuda profesional.

See Pages 134–135—Teachers's Manual

Lo importante

Lo importante

Lo básico

1. A word used frequently in the hospitality industry is "management" which in Spanish is "administración."
2. When referring to certain maintenance items, Spanish uses the words "bomba" that means "bomb". A secondary meaning of the word is "pump" (gas or water) and thus "bombear" means "to pump."
3. "Abajo" means "down" and "arriba" means "up."
4. Another frequently used hospitality term is "an international chain"— "una red internacional."
5. The study of Hotel/Restaurant Management is called "La Hotelería."
6. In Spanish, the ground floor is excluded in the floor count. Thus, the second flood in reality is the third floor. PB means "piso bajo" or ground floor.

Teresa, a friend of Pablo, has been hired to work in the housekeeping department. The supervisor is trying to explain the additional job duties for the rest of the week besides Monday and Tuesday, which Pablo has already told her.

Lo importante

LOS MIÉRCOLES (WEDNESDAYS) 1. Clean the drain in the sink and the tub. 2. Clean the fan vents in the bathroom. 3. Check the corners for cobwebs.		
LOS JUEVES (THURSDAYS) 1. Wash the phone completely. 2. Dust the lamps. 3. Brush the shades with a paint brush. 4. Check the lightbulbs; replace if necessary.		
LOS VIERNES (FRIDAYS) 1. Dust all the furniture. 2. Clean the gooseneck under the sink. 3. Clean behind the furniture with a small broom.		
LOS SÁBADOS (SATURDAYS) 1. Wash the TV set. 2. Wash all the inside windows.		

LOST AND FOUND		
1. Call the office immediately for valuable items. 2. Bag the items. 3. On a piece of paper write the room number, the date and the room attendant's name.		

See Pages 135–137—Teacher's Manual

Lo importante

Manual De Empleados

1. Si usted es candidato para **promoción** deberá pasar, **satisfactoriamente**, una prueba de **abuso de subtancias** antes de que se le otorgue la **posición**. Si usted falla la prueba, solo será **considerado** para la **promoción** presentando **evidencia suficiente** de **rehabilitación** del **abuso** de **substancias**.
2. Fallar en **completar** un **programa** de **rehabilitación** de **abuso** de **substancias** podrá resultar en la **terminación** de su empleo.
3. La **posesión**, uso o venta de substancias no **autorizadas o ilegales** en el hotel (restaurante) o mientras trabaje para la **compañía** está **prohibido**, y **constituirá** base para una **acción disciplinaria**, incluyendo el despido.
4. Es su **responsibilidad** el informar **inmediatamente al director** del hotel (restaurante) el **uso** de cualquier medicamente prescrito que pueda afectar su comportamiento o actuación.
5. Si usted **observa** a otro empleado usando una **substancia** prohibida por la **compañía** y **sus reglamentos** tiene la **obligación de reportar ese uso** a su **director**. Si usted **cree** que no puede **hablar de** esto con su **director**, notifique **al director** del distrito.

CUALQUIER DE LAS **PROVISIONES** QUE ESTÉ EN **CONFLICTO** CON LA LEY SERÁ **MODIFICADA** PARA CUMPLIR CON ESTA LEY.

See Page 138—Teacher's Manual

In order to communicate with your room attendants you must learn some of the necessary vocabulary.

American Express card - tarjeta de American Express - *tar/hay/tah American Express*

ash tray - cenicero - *sen/knee/sehr/oh*

bag for pillow cases - bolsa para fundas - *bowl/sah pah/rah foon/dahs*

bag for terry cloth items - bolsa de toallas - *bowl/sah day toe/eye/yahs*

bath soap - jabón de baño - *ha/bone day bahn/yo*

bath towel - toalla de baño - *toe/eye/yah day bahn/yo*

bulbs - 100-Watts - bombillas de cien vatios - *bome/bee/yahs day see/n bah/tee/owes*

clip board - tablero con clip - *tah/blair/oh kohn kleep*

comment cards - tarjetas de comentarios - *tahr/hay/tahs day koh/men/tahr/e/ohs*

double sheets - sábanas dobles - *sah/bah/nahs doe/blays*

envelopes - sobres *sew/brace*

hand soap - jabón de tocador - *ha/bone day toe/kah/door*

hand towel - toalla de mano - *toe/eye/yah day mah/no*

hangers - ganchos - *gahn/chose*

ice bucket - cubo para hielo - *koo/bow pah/rah/ yeh/low*

ice tray - cubeta para hielo - *koo/beh/tah pah/rah yeh/low*

king-size sheets - sábanas king - *sah/bah/nahs king*

laundry slips - listas de lavandería- *lee/stahs day lah/bahn/day/ree/ah*

maintenance sheets - listas de mantenimiento - *lee/stahs day mahn/ten/knee/me/ehn/toe*

paper towels - toallas de papel - *toe/eye/yahs day pah/pell*

pencil - lápiz - *lah/piece*

plastic bag - bolsa plástica - *bowl/sah plahs/tee/kah*

plastic glasses - vasos plásticos - *bah/sews plahs/tee/kose*

plastic ruler - regla plástica - *ray/glah plahs/tee/kah*

rags - trapos - *trah/poes*

stopper for door - cuña para la puerta - *koon/yah pah/rah lah pwer/tah*

sanitary bags - bolsas sanitarias - *bowl/sahs sah/knee/tar/ree/ahs*

scrubbies - fregadores - *fray/gah/doe/race*

sheets of paper - hojas de papel - *oh/has day pah/pell*

signs "do not disturb". - avisos "do not disturb" - *ah/bee/sews "do not disturb"*

T.V. tent - base de TV - *bah/say day tay/bay*

T.V. Guide - Guía de T.V. - *gee/ah day T.V.*

telephone rate clip-on - tabla de precios de teléfono - *tah/blah de pray/see/owes day tell/eh/foe/no*

tissue boxes - pañuelos de papel - *pah/new/eh/lows day pah/pell*
tooth brush - cepillo de dientes - *say/pea/yoh day dee/n/tehs*
vacuum cleaner - aspiradora - *ah/spear/ah/doe/rah*
wash cloth - toallitas para lavarse - *toe/eye/yee/tahs pah/rah lah/bar/say*

All room attendants must have the importance of the daily report explained to them. Pablo and Teresa will need explanations in Spanish.

1. Explain how the rooms are marked:
    occupied
    check-out
    empty
    out of order
    no service
2. After three rooms, call the front desk.
3. Explain the linen control.
4. Number of bath towels
          hand towels
          sheets
          pillow cases
          wash cloths
          used
          replaced
5. Explain the format for Maintenance reports:
    number of room
    repair required
    date requested
    date completed		

See Page 141—Teacher's Manual

Lo importante

CLEANING GUEST ROOMS (LIMPIEZA DE LOS CUARTOS)

1. Clean vacant rooms first.

2. Knock on the door with your hand; never knock with a key.

3. Call out "room attendant" and repeat this twice.

4. Put your cart in front of the door.

5. Open-shelved side must face the room.

6. Secure the door with a rubber stopper.

7. Put vacuum cleaner to one side of the room.

8. Get the caddy containing all the cleaning supplies.

9. Turn on all the lights:
   the credenza
   the television
   the desk light

10. With a damp rag, dust the window sill.

11. Open the windows.

12. Check that the switches in the regulatory box are in the proper position.

MAKING THE BED
(HACER LA CAMA)

1. First, strip the bed totally.

2. Shake the blankets and sheets for guest's belongings.

3. Never put linens on the floor.

4. Check the mattress pad for stains and soils.

See Pages 142–143—Teacher's Manual

Lo importante

Lo importante

ACOSO SEXUAL

Todos los **empleados** tienen derecho a trabajar en un **ambiente** libre de acoso **sexual**.

Por lo tanto, ningún **empleado**, sea **masculino o femenino**, deberá estar sujeto a:

1. **Avances sexuales** no **aceptados**, requerimiento de **favores sexuales** o cualquier otra **conducta sexual, verbal o física**.
2. **Declaraciones** o gestos sexuales **derogatorios**, o no **solicitados**.
3. Cualquier **intento** de **penalizar** o castigar a una **persona** por rehusarse u **objetar a** las **acciones** descritas arriba.

La **violación** de estas **reglas** resultará en una **acción disciplinaria** apropiada, que puede incluir el despido (terminación).

Cualquier acción por parte de otro **empleado** que constituya acoso sexual deberá ser **reportada** al **director** del hotel (restaurante). En el caso de que usted no pueda hablar sobre esto con su **director**, por favor **comuníquese** con el **director** de **operaciones del** distrito, o con el vice-presidente.

Lo importante

REGLAS DE CONDUCTA

Las que siguen son algunas, pero no todas, de las **violaciones** que podrían **resultar** en una **acción disciplinaria, incluyendo** el despido.

1. Suplir **información falsa** en su solicitud de empleo.
2. Reportarse al trabajo bajo la **influencia** de **drogas o bebidas alcohólicas**, o hacer uso de las mismas, o tenerlas en su **posesión** durante las horas de trabajo.
3. **Conducta inmadura, inmoral o indecente**, ya sea como ayudante o como **cómplice**, para cualquiera de los **actos mencionados** arriba.
4. Rehusarse a obedecer las **órdenes** (**insubordinación**) de un **supervisor**, un director y/o asistente, o cualquier acto o **conducta** contraria a **regulaciones o instrucciones específicas**.
5. Robo o apropiación de efectos pertenecientes a un cliente, a otro **empleado**, o a la **compañia**, o traslado o remoción no - **autorizada** de dicha propiedad, incluyendo **artículos** encontrados.
6. **Conducta irrespetuosa**, incluyendo apuestas, o riñas, ya sea **física o verbalmente**, dentro de las **premisas** de la **compañía** y amenazas contra **clientes, supervisores** u otros **empleados**. Bromas, chascos o **vulgaridades**; faltas de **cortesía** y fallas en brindar el alto nivel de **sericio** que se debe a cualquier **cliente**.
7. Abusar, maltratar o destruir propiedad de la **compaña**, o la propiedad de clientes u otros empleados.
8. Fumar en areas no **designadas**. (Sólo se **permite** fumar en el salón de descanso). Uso no **autorizado** del **teléfono**.

9. No **reportarse** a la hora **programada** sin avisar, con dos (2) días de **prioridad**, al **supervisor**. (Los empleados deberán hablar **directamente** con el **director** del hotel (restaurante) o **supervisor** del **departamento** dos horas antes de la hora **programada** para trabajar y proveer la razón de **la ausencia** y la fecha en que se espera **retornar**

10. Hacer o **publicar declaraciones** maliciosas, falsas o **viciosas** en **relación** a cualquier empleado, supervisor, cliente o el hotel (restaurante).

11. No reportar heridas, aunque sean menores, **inmediatemente** a la directora o al supervisor.

12. Fallar en estar limpio y **prolijo** en el lugar de trabajo. No usar la ropa prescrita (**uniforme** y placas de **nombre** incluídas).

13. *Distribución* no autorizada de *literatura* de cualquier **clase**, en cualquier area de trabajo, y/o a cualquier hora no autorizada. El poner o remover notas o letreros, o escribir en alguna forma en la tablas de boletines o **en la propiedad** de los clientes.

14. Utilizar los **teléfonos** de la **compañia** para uso personal. **Presencia** no autorizada en áereas no **incluídas** en las **responsabilidades** del trabajo.

15. Dar a conocer **información relacionada** con los negocios del hotel (restaurante) o **información** concerniente a cualquier cliente.

NOTA: La **compaña** se reserva el derecho de **examinar** cualquier paquete en **posesión** de cualquier **empleado** saliendo o entrando en la compañia.

Dependiendo de las **circunstancias**, los empleados podrán ser sujetos a advertencias verbales, advertencias escritas, **suspensiones** y/o despido. Otras situaciones podrán requerir **acción disiplinaria**, incluyendo el despido del empleado, a la **discreción** del hotel (restaurante).

See Pages 145–147—Teacher's Manual

Lo importante

Lo básico

11	once	21	veintiuno
12	doce	22	veintidós
13	trece	23	veintitrés
14	catorce	24	veinticuatro
15	quince	25	veinticinco
16	dieciséis	26	veintiseis
17	diecisiete	27	veintisiete
18	dieciocho	28	veintiocho
19	diecinueve	29	veintinueve
20	veinte	30	treinta

1. Numbers from 16 to 29 are spelled as one word. The final "*e*" in 20 changes to "*i*" when joining the units 1 to 9.
2. From 31 to 99, compound numbers are formed with the conjunction "*y*":

    treinta y uno   sesenta y cuatro
    cuarenta y siete   noventa y dos

3. When joining a lower number, "*cien*" becomes "*ciento,*" and does not need the conjunction "*y*":

ciento tres	ciento ocho
ciento veintidos	ciento noventa y nueve

4. Also, "*y*" is not needed after "*mil*" or "*millón:*"

mil seiscientos cincuenta y siete	cinco mil seis
un millón setecientos veintiuno	siete mil ciento veintiocho

5. Round hundreds (100, 200, 300, 500, 700, 900) are one word:

doscientos	ochocientos
quinientos	cuatrocientos

6. Except for 100, hundreds agree in gender with the noun they modify.

cien mesas	doscientos ceniceros
cien meseros	doscientas toallas

MAKING THE BED
(HACER LA CAMA)

1. To save time, go to bathroom area.

2. Pick up terry items and count them.

3. Sort soiled linens:
   one bag for sheets
   one bag for pillow cases
   one bag for terry items.

4. Mark terry count on attendant's sheet.

5. Make the bed from side to side.

6. Tuck the sheet at the head and foot.

7. Tuck in sides, making hospital corners.

8. Fluff the pillows and cover with fresh cases.

9. The bedspread should hang evenly on both sides.

BEDROOM (LIMPIEZA DEL DORMITORIO)

1. Move to the desk:
   dust the top;
   clean the mouthpiece;
   arrange the literature;
   check the ashtray and matches.

2. Move to the credenza:
   dust the top and clean the mirror.

3. Check the drawers:
   leave stationery, envelopes, telephone book and menu.

4. Dust the night stand.

5. Is the Gideon Bible in the proper place?

6. Straighten the lamp shade.

7. Clean the inside of the wastebaskets using cleaner from a spray bottle.

See Pages 148–149—Teacher's Manual

Lo importante

MANUAL DE EMPLEADOS

SERVICIO DE JURADO

A aquellos empleados que deban servir de jurado se les otorgará el tiempo **necesario** para cumplir con sus **obligaciones**. Los días otorgados por este **motivo** serán **considerados** como tiempo libre no pagado.

CAMBIOS DE ESTADO

Es **obligación** de los **empleados informar** por escrito al **Departamento de Personal**, tan pronto como sea posible, de:
1. cambio de nombre
2. cambio de **dirección**
3. cambio de número de **teléfono**
4. cambio de estado civil
5. cambio en el número de **deducciones** de impuestos
6. cambio de la **persona** a **notificar** en caso de **emergencias**

OBJETOS PERDIDOS

Frecuentemente los **clientes** pierden u olvidan **artículos personales**. Dichos artículos deben ser entregados al **supervisor** o al **director** del hotel (restaurante) **inmediatamente**.

LICENCIAS

La licencia con permiso es el tiempo de ausencia otorgado a los empleados que hayan cumplido más de 6 meses de **servicio continuo**. Una solicitud para licencia con permiso será **considerada** en base a ciertos requerimientos. Los motivos para otorgar una licencia deben ser **importantes** y debidamente **documentados**.

1. Para ser **considerado** para una **licencia** médica, el empleado debe **acompañar** la solicitud con un **certificado extendido** por el médico que lo atiende, **indicando** las razones para la ausencia y las fechas **anticipadas** de la misma.

2. Antes de que a un empleado ausente con licencia médica le sea **permitido** reintegrarse a su trabajo, deberá presentar al **director** un certificado firmado por el médico que lo atiende.

See Pages 150–151—Teacher's Manual

LO BÁSICO

Three forms are often called "softened commands" in Spanish and can be used with any infinitive (AR-ER-IR form of the verb). In good dialogue you can use "podría"-could you; "me gustaría" and "quisiera," which both mean "I would like to..."

Lo importante

Lo básico

Telling time in Spanish is easy. ¿Qué hora es? - What time is it?
es la una
es la una y cinco
es la una y cuarto (don't confuse with cuatro)
es la una y media
es la una menos cinco (cinco para la una)
son las dos
son las tres y media
son las seis y cuarto
son las ocho y veinte
ocho para las seis
veinte para las tres
Spanish-speaking people use "de la mañana" and "de la tarde" to indicate
A.M. and P.M., and many use the 24 hour clock, i.e. "las trece" for 1 P.M.
or "dieciseis y treinta" for 4:30 P.M.

Lo importante

CLEANING THE BATHROOM
(LIMPIEZA DEL BAÑO)

1. Clean the tub and shower every day.

2. Never use towels for cleaning.

3. Gather two buckets, toilet brush, scrubbies and clean rags.

4. Squeeze the toilet cleaner into the toilet bowl.

5. Use two damp rags on either side of the shower curtain and clean in a downward motion.

6. Scrub the bath tile and tub.

7. Rinse with warm water.

8. Use a toothbrush to clean any buildup around toilet hinges.

9. Put one roll of toilet paper and a black plastic ashtray on tank top.

10. On each towel bar, place two bath towels and one washcloth.

11. Put a bath mat over the shower curtain rod.

See Page 154—Teacher's Manual

Lo importante

MANUAL DE EMPLEADOS

EMERGENCIAS PERSONALES

Una ausencia por *emergencia personal* podrá ser *autorizada* a la *discreción* del director.

El tiempo **máximo** de **ausencia** es de tres meses, aunque en casos de **necesidad** extrema, la ausencia podrá ser extendida a **discreción** del director.

En cualquier **momento** durante ausencia autorizada, la compañia podrá requerir cualquier **información** que considere apropiada en **relación** a la **continuación** y/o **extensión** de la ausencia.

Si un empleado no se presenta a trabajar al día siguiente de la **expiración** de su ausencia autorizada su empleo con el hotel (restaurante) será **terminado**.

La misma *posición* y/o **salario** no puede ser **garantizado** al empleado que retorna. El hotel (restaurante) intentará dar al empleado la misma **posición**, sí dicha **posición** está disponible.

Durante la *ausencia autorizada* no se *acumularán vacaciones* ni serán pagados los días feriados.

Las *ausencias autorizadas* por *motivos militares* se otorgarán de acuerdo a las *regulaciones aplicables*.

PROCEDIMIENTOS DE EMERGENCIA

Es muy *importante* que *comprenda* los *procedimientos* de *emergencia* y fuego de su area. *Familiaricese* con la ubicación de los extinguidores de fuego y sepa cómo operarlos. En caso de *emergencia*, hable suavemente y mantenga la calma.

No grite ni corra. Recuerde que *frecuentemente* el *pánico* puede *causar* más daño que la *emergencia*.

EN CASO DE FUEGO

Obedezca los procedimientos siguientes:
1. Llame al *departamento* de bomberos
2. *Alerte* a todos sobre el peligro
3. Cierre las ventanas y puertas de los cuartos donde hay fuego.
4. Si no hay peligro para usted, use el equipo contra el fuego.
5. Llame (por *teléfono*) al *director* del hotel (restaurante) o al supervisor.

See Pages 152–153—Teacher's Manual

Lo importante

SINK AREA
(LAVAMANOS)

1. With all-purpose cleaner, clean the basin and counter.
2. Wash the mirror (no streaks).
3. Clean all chrome, including: Kleenex dispenser Towel bar Toilet paper dispenser.
4. Wash ice bucket and tray in warm water each day.
5. Put one glass ash tray on counter top.
6. Put two plastic glasses on ice bucket tray.

VACUUMING
(PASAR LA ASPIRADORA)

1. Vacuum traffic patterns daily.
2. Start at farthest end of room.
3. Shut the window and close the curtains.
4. Turn off all lights.
5. Put the chain on the door in the correct position.
6. Vacuum the hallway outside the door.

ROOM ATTENDANCE CONDUCT
(CONDUCTA DE CAMARERAS)

1. Avoid slamming doors, shouting and loud noises.
2. Don't bother a room with a "Do not disturb" sign.
3. Always smile and greet guests.

See Pages 156–157—Teacher's Manual

Lo importante

MANUAL DE EMPLEADOS

La **prevención** de **accidentes** es un tema que **concierne** tanto a los empleados y a la gerencia del hotel (restaurante) como a los clientes. No hay **accidente** que no sea causado por **condiciones** peligrosas de trabajo, **hábitos** de trabajo poco seguros, o una **combinación** de ambos **factores**. **Reporte** cualquier herida o **accidente inmediatamente**.

Reglas:

1. Pisos mojados;: unas pocas gotas pueden **provocar** más **accidentes** que ninguna otra **causa**. Use el letrero de piso mojado.
   a. Limpie lo que se ha derramado **inmediatamente**.
   b. Cuando deba caminar en un piso resbaloso, hágalo lentamente y con pasos cortos.
2. Recoja **inmediatamente** cualquier cosa u objeto caído en el piso.
3. Mire en todo momento donde camina, **especialmente** al atravesar puertas, corredores activos y al doblar esquinas.
4. Levante objetos **correctamente**. No use su espalda. Pida ayuda con **artículos** grandes o pesados. No intente virar colchones sin ayuda.
5. Reporte inmediatamente cualquier **accidente personal**, ya sea a un cliente o a un empleado, al **director**.
6. Antes de usar cualquier equipo con el que no se haya **familiarizado** previamente pida **instrucciones**. Nunca **opere** ninguna clase de equipo que la ley no le permita usar.
7. Mantenga pasillos peatonales libres de cables **eléctricos**, mangueras, etc. Mientras limpie los cuartos asegúrese de que el carro no ocupe todo el pasillo. Mantenga todas las vías de **emergencia** libres de **obstrucción**.
8. Barra, no levante, vidrios rotos.
9. Evite el **desorden**...donde y cuando sea.

See Pages 158–159—Teacher's Manual

Lo importante

Vocabulary

A

absence	aw/sehn/see/ah	ausencia
abuse	ah/boo/sew	abuso
accountant	cone/tah/door	contador
add	ah/grey/gahr	agregar
after	dace/pwace	después
and	ee	y
apple	mahn/sah/nah	manzana
artichoke	ahl/kah/cho/fah	alcachofa
artichoke	ahl/kah/uh/seel	alcaucil
ash-tray	sen/knee/sehr/oh	cenicero
asparagus	ahs/pahr/rah/goes	esprragos
assistant	ah/sees/tain/tay	asistente
atop (on top)	en/sea/mah	encima

B

bag	bowl/sah	bolsa
basket	kah/nahs/tah	canasta
basket (small)	kah/nahs/stee/yah	canastilla
bath	bahn/yo	baño

bathroom	bahn/yo	baño
bathroom sink	lah/bah/bow	lavabo
bathtub	bahn/yeh/rah	bañera
beans	free/hoe/lace	frijoles
bed	kah/mah	cama
beef	kahr/nay	carne
beer	sair/bay/sah	cerveza
behavior	comb/pore/tah/mee/ehn/toe	comportamiento
beverages	bay/bee/dahs	bebidas
blanket	fra/sah/dah	frazada
boil	air/beer	hervir
both	ahm/bows	ambos
bottle	bow/tay/yahs	botellas
bread	pahn	pan
broil	ah/sahr	asar
broth	kahl/doe	caldo
brown (to)	doe/rahr	dorar
bucket	koo/bow	cubo
bulb	bome-bee/yah	bombilla
business	nay/go/see/oh	negocio

C

cake	bees/coe/cho	bizcocho
cake	tohr/tah	torta
call (to)	yah/mahr (yah/may)	llamar (llame)
can	lah/tah	lata
can (opener)	ah/bray/lah/tahs	abrelatas
caramel custard	flahn	flan
carbonated	kohn gahs	con gas
card	tahr/hay/tah	tarjeta
carpet	ahl/foam/bra	alfombra
carrots	sahn/nah/or/ree/ahs	zanahorias
caused	cow/sah/doe	causado

ceiling	teh/cho	techo
celery	ah/pea/oh	apio
chair	see/yah	silla
change (to)	kahm/bee/oh (kahm/bee/eh)	cambio (cambie)
check (to)	ray/bee/sahr (ray/bee/say)	revisar (revise)
cheese	kay/sew	queso
chicken	poe/yoh	pollo
chocolate	choe/koe/lah/tay	chocolate
chop	pea/kah/dah (doh)	picada (do)
chop (to)	pea/kahr (pea/keh)	picar (pique)
clean	limb/pea/oh (ah)	limpio (a)
clean (to)	limb/pea/ahr (limb/pea/eh)	limpiar (limpie)
clerk	em/play/ah/dough	empleado
client	klee/en/tay	cliente
clip-board	tah/blair/oh	tablero
coffee	kah/fay	café
coffee mill	moe/lee/knee/yoe	molinillo
coffee urn	kah/fay/tay/rah	cafetera
colander	koe/lah/door	colador
cold	free/ah (oh)	fría (o)
comment	coh/men/tahr/ee/oh	comentario
complaints	kay/hahs	quejas
condiments	kone/dee/men/tohs	condimentos
cook	koh/cee/neh/row (rah)	cocinero (ra)
cook (to)	koe/sair	cocer
cook (to)	koe/see/nahr	cocinar
cool (to)	n/free/ahr	enfriar
counter	moe/strah/door	mostrador
counter (also)	may/sah/dah	mesada
cover (to)	koo/breer (koo/brah)	cubrir (cubra)
crystal	chris/tah/lair/e/ah	cristaler!a
cup	tah/sah	taza
custard	nay/tea/yah	natilla
cut (to)	core/tay (core/tahr)	corte (cortar)

D

daily	dee/r/ree/ah/men/tay	diariamente
date	fay/chah	fecha
degree	grah/dough	grado
demand	ex/see/hay	exige
desk	ehs/kree/toe/ree/oh	escritorio
dessert	poe/stray	postre
director	dee/rake/tore	director
dirty	sue/see/oh	sucio
dishwasher	lah/bah/plah/toes	lavaplatos
dismissal	dace/pea/dough	despido
door	pwehr/tah	puerta
double	doe/blay	doble
dozen	doe/say/nah	dozena
drain	deh/sah/gweh	desagüe
drain	ess/koo/rear	escurrir
drawers	kah/ho/nace	cajones
dressings	ah/dare/ray/sohs	aderezos
drugs	droe/gahs	drogas
dry	say/koh	seco
dry (to)	say/kahr (say/keh)	secar (seque)
dust	pole/bow	polvo
dust (to)	sah/koo/deer (sah/koo/dah)	sacudir (sacuda)

E

eggs	way/bows	huevos
eggs (fried)	way/bows free/toes	huevos fritos
eggs (hard boiled)	way/bows dew/rows	huevos duros
eggs (scrambled)	way/bows ray/bwel/toes	huevos revueltos
eight	oh/cho	ocho
eighteen	dee/ace/ee/oh/cho	dieciocho
eleven	own/say	once

emergency	eh/mehr/hen/cee/ah	emergencia
employee	em/play/ah/dough	empleado
employer	em/play/ah/door	empleador
empty	bah/see/oh	vacío
empty (room)	des/oh/koo/pah/dough	desocupado
empty (to)	bah/see/ar (bah/cee/eh)	vaciar (vacíe)
envelope	sew/bray	sobre
equal	ee/gwahl	igual

F

failure	fah/yah	falla
fifteen	keen/say	quince
filet	fee/lay/tay	filete
fill (to)	yeh/nahr (yeh/nay/	llenar (llene)
finish (to)	tear/me/nahr (tehr/me/neh)	terminar (termine)
finished	tear/me/nah/doh (dah)	terminado (a)
fire	foo/way/goe	fuego
first	pree/mare/oh	primero
five	sing/ko	cinco
floor	pea/sew	piso
fold (to)	dough/blahr (dough/bleh)	doblar (doble)
food	koh/mee/dah	comida
forks	ten/nay/door/race	tenedores
four	kwa/tro	cuatro
fourteen	kah/tore/say	catorce
frames	mahr/koes	marcos
freezer	kohn/heh/lah/door	congelador
fried	free/toe	frito
frozen	kohn/he/lah/dough	congelado
fry	fray/ear	freír
furniture	mway/blace	muebles

G

garbage	bah/soo/rah	basura
garbage (also)	dace/pair/dee/see/ohs	desperdicios
gather	ray/koh/ha	recoja
glass (goblet)	bah/sew	vaso
glass (wine)	koe/pah	copa
grate	rah/yahr	rallar
grease	grah/sah	grasa
green peas (Am)	ahr/bay/hahs	arvejas
green peas (Méx)	chee/chah/rows	chícharos
green peas (Sp)	gee/sahn/tace	guisantes
greet (to)	sah/loo/dahr (sah/loo/deh)	saludar (salude)
grill	pah/ree/yah	parrilla
grill (also)	plahn/chah	plancha
gum	chee/clay	chicle

H

hairnet	red (red/day/sea/yah)	red (redecilla)
half	may/dee/oh	medio
half	mee/tahd	mitad
hallway	pah-see-yow	pasillo
hand	mah/noe	mano
handle	mah/nee/ha	manija
hanger	gahn/choe	gancho
harassment	ah/koh/sew	acoso
headboard	kah/bay/say/rah	cabecera
heat (to)	kah/len/tahr	calentar
help	ah/you/dah	ayuda
higher	mah/yohr	mayor
holiday	feh/ree/ah/doe	feriado
honey	me/l	miel

hook	gahn/choe	gancho
hour	owe/rah	hora
housekeeper	kah/mah/ray/row - (rah)	camarero (ra)

I

ice	yeh/low	hielo
ice cream	a/lah/dough	helado
ice-bucket	koo/bow pah/rah yeh/low	cubo para hielo
ice-tray	koo/bay/tay/rah	cubetera
iced	eh/lah/dough	helado
illegal	ee/lay/gahl	ilegal
image	ee/mah/hen	imagen
inch	pull/gah/dah	pulgada
incorporate	in/core/pore/ahr	incorporar
inside	(ah)dehn/troe	(a)dentro

J

jalea	ha/lay/ah	jalea
jar	ha/rrah or gah/rah/fah	jarra o garrafa
job	ehm/play/oh	empleo

K

king-size	tah/mahn/yoe king	tamaño king
knives	koo/chee/yohs	cuchillos
knobs (handle)	mah/knee/hah	manija

L

label	a/tea/kay/tah	etiqueta
ladle	koo/chah/rone	cucharón
last	uhl/tee/mow	último
late	tahr/day	tarde
laundry	lah/vahn/day/ree/ah	lavandería
leave	lee/sehn/see/ah	licencia
leave (to)	day/har (day/he)	dejar (deje)
ledge	bore/day	borde
lemon	lee/mohn	limón
level	knee/bell	nivel
lid	tah/pah	tapa
liquor	lee/core	licor
list	lee/stahh	lista
lost & found	oweb/hay/tohs-pair/dee/doughs	objetos perdidos
lower	may/nohr	menor
luggage	mah/lay/tahs	maletas

M

maid	kah/mah/ray/rah	camarera
maintenance	mahn/teh/knee/me/ehn/toe	mantenimiento
manager	hare/n/tay	gerente
matches	foes/foe/rows	fósforos
maximum	mac/see/mow	máximo
mayonnaise	my/yoh/nay/sah	mayonesa
meat	kahr/nay	carne
microwave	mee/kroe ohn/dah	micro onda
milk	lay-chay	leche
minimum	mee/nee/mow	mínimo
minute	mee/new/toe	minuto
mix	mace/klah	mezcla
mix (to)	mace/klahr (mace/kleh)	mezclar (mezcle)

month	mace	mes
mustard	mow/stah/sah	mostaza

N

name-tag	plah/kah day nome/bray	placa de nombre
napkin	sair/bee/yeh/tahs	servilletas
nine	new/way/bay	nueve
nineteen	dee/ace/ee/new/way/bay	diecinueve
noodles	fee/day/ohs	fideos

O

occupied	oh/koo/pa/dough	ocupado
oil	ah/say/tay	aceite
oil (olive)	ah/say/tay day oh/lee/bah	aceite de oliva
olives	ah/say/too/nahs	aceitunas
one	oo/no	uno
onion	say/boy/yah	cebolla
out of order	no foon/see/own/nah	no funciona
outside	(ah)fwear/rah	(a)fuera

P

pan	sahr/tain	sartén
paper towel	toe/eye/yah day pah/pell	toalla de papel
parsley	pair/ray/heal	perejil
pastry	pah/stel/ee/yoh	pastelillo

peel (pare) (to)	pay/lahr (pay/lay)	pelar (pele)
pencil	lah/piece	lápiz
pepper	pea/mea/n/tah	pimienta
pepper shaker	pea/men//tear/rows	pimenteros
pie	pah/stel	pastel
pillow	ahl/mow/ah/dah	almohada
pillow case	foon/dah	funda
place (to)	pohn/air (pohn/gah)	poner (ponga)
plastic	plahs/tee/koh (kah)	plástico(a)
plates	plah/toes	platos
please	pour fah/boar	por favor
polish	lew/stray	lustre
pot	oh/yah	olla
potatoes	pah/pahs	papas
prepare	pray/pah/ray	prepare
punch (time card)	mahr/kay lah tar/hay/tah	marque la tarjeta
put (to)	pohn/air (pohn/gah)	poner (ponga)

R

rags	trah/poes	trapos
reception	ray/sep/see/own	recepción
red	row/hoe	rojo
red (wine)	tean/toe	tinto
refreshments	ray/frehs/koes	refrescos
repair	ray/par/rah/see/own	reparación
repeat (to)	ray/peh/teer (ray/pea/tah)	repetir (repita)
responsibility	rays/pohn/sah/bee/lee/dahd	responsabilidad
return	ray/grey/sew	regreso
rice	ah/rohss	arroz
rinse	n/hoo/ah/gay/low	enjuáguelo
room	kwar/toe	cuarto
rug	ahl/foam/brah	alfombra
ruler	ray/glah	regla

S

salad	ehn/sah/lah/dah	ensalada
sales	bain/tah	venta
salt	sahl	sal
salt shaker	sah/lair/row	salero
sanitary bag	bowl/sah sah/knee/tah/ree/ah	bolsa sanitaria
saucepan	kah/sair/oh/lah	cacerola
sauces	sahl/sahs	salsas
schedule	owe/rah/ree/oh	horario
scramble (to)	ray/bowl/bear (ray/bwel(bah)	revolver (revuelva)
scrambled	ray/bwel/toes	revueltos
scrubbers	fray/gah/doe/race	fregadores
second	say/goon/dow	segundo
seek (to)	boos/car (boos/key)	buscar (busque)
seven	see/ay/tay	siete
seventeen	dee/ace/ee/see/ay/tay	diecisiete
shake	ah/he/tahr	agitar
sheet (bed)	sah/bah/nah	sábana
sheet (paper/metal)	oh/ha	hoja
shelf	a/stahn/tay	estante
shelf (also)	ray/pea/sah	repisa
shift	tour/no	turno
side	kohs/tah/dough	costado
side (also)	lah/dough	lado
signs	ah/bee/sews	avisos
silverware	koo/bee/air/tohs	cubiertos
simmer	ah/ fway/go len/toe	a fuego lento
sink	freh/gah/day/row	fregadero
six	sace	seis
sixteen	dee/ace/ee/sace	dieciséis
slip	lee/stah	lista
smile (to)	sohn/ray/ear (sohn/ree/ah)	sonreír (sonría)
smoking	fu/mahr	fumar
soap	ha/bone	jabón
soft boiled	pah/sah/doughs pore /ah/gwa	pasados por agua

soup	sew/pah	sopa
soup plate	plah/toe sew/pay/rowe	plato sopero
spoons	koo/chah/rahs	cucharas
start (to)	koe/mehn/sahr (koe/men/seh)	comenzar (comience
stew	gee/sah/dough	guisado
stew (to)	gee/sahr	guisar
stopper	koon/yah pah/rah pwer/tah	cuña para puerta
straighten	ehn/day/ray/say	enderece
strain (to)	koe/lahr (koo/eh/lay)	colar (cuele)
sugar	ah/sue/kahr	azúcar
sugar bowl	ah/sue/kah/rare/ah	azucarera
supply	proh/bay/air	proveer
sweep (to)	bar/rare (bahr/rah)	barrer (barra)
switch (light)	cone/moo/tah/door	conmutador
syrup	ha/rah/bay	jarabe

T

T.V. guide	gee/ah day TV	guía de TV
T.V. tent	bah/say day TV	base de TV
table	may/sah	mesa
tablecloth	mahn/tell	mantel
tablespoons	koo/chah/rahs	cucharas
take away	key/tay	quite
tart	tahr/tah	tarta
tea	tay	té
teapot	tay/tay/rah	tetera
teaspoons	koo/chah/ree/tahs	cucharitas
telephone	tell/eh/foe/no	teléfono
ten	dee/ace	diez
thank you	grah/sea/ahs	gracias
third	tehr/say/row	tercero
thirteen	tray/say	trece
three	trace	tres

tissue	pah/new/eh/loes day pah/pell	pañuelos de papel
toaster	toes/tah/door/ah	tostadora
tomatoe	toe/mah/tay	tomate
tooth brush	say/pea/yoh day dee/n/tehs	cepillo de dientes
towel	toe/eye/yah	toalla
training	en/tray/nah/mee/n/toe	entrenamiento
tureen	sew/pair/rah	sopera
turn off (light)	ah/pah/gay	apague
turn on (light)	ehn/cee/ehn/dah	encienda
twelve	dough/say	doce
twenty	bain/tay	veinte
two	dose	dos

U

uncarbonated	seen gahs	sin gas
uniform	oo/knee/for/may	uniforme
use	oo/say	use
used	oo/sah/dough	usado
utensils	oo/ten/see/lee/ohs	utensilios

V

vacations	bah/kah/see/oh/nace	vacaciones
vacuum cleaner	ah/spear/ah/door/rah	aspiradora
veal	tear/nair/rah	ternera
vegetables	lay/goom/brace	legumbres
vegetables (also)	bair/doo/rahs	verduras
vinegar	bee/nah/grey	vinagre

W

W.C. (toilet)	ray/tray/tay	retrete
waiter (waitress)	may/say/roh (may/say/rah)	mesero (mesera)
wall	pah/raid	pared
warmer	kahl/en/tah/door	calentador
wash (to)	lah/bar (lah/vay)	lavar /lave)
wash cloth	toe/eye/yee/tah	toallita
water	ah/gwah	agua
watt	bah/tee/oh	vatio
week	say/mah/nah	semana
wet	moe/ha/dough	mojado
white	blahn/koe	blanco
window	bain/tah/nah	ventana
wine	be/no	vino
work	trah/bah/hoe	trabajo

Y

year	ahn/yoe	año

Z

zero	sair/row	cero
zone	soh/nah	zona

ILLUSTRATIONS

This special section of illustrations is used as a divider between the student's workbook and the teacher's manual so that the students and the instructor will have available many O.J.T materials which will testify to the relevance and usefulness of this study of Survival Spanish for Hospitality Management.

The enclosed material is not intended to be a part of the course itself but rather is intended to be a challenge to anyone who wants a practical application of the materials presented in the course.

Allow me to acknowledge, in order of presentation, the bilingual materials being reproduced for your use.

ACKNOWLEDGEMENT

Hotel Intercontinental—Miami
Landmark Hotel Corporation
Holiday Inn—Bay View Plaza, Santa Monica, California
La Quinta Motor Inns, Inc.
Hyatt Hotel Corporation
Harvey Hotels
Hyatt Corporation

NO OLVIDEMOS LAS DIEZ REGLAS DE LA BUENA HOTELERIA

EL HUESPED ... es la persona más importante en nuestra industria.

EL HUESPED ... no tiene obligación para con nosotros — nosotros la tenemos para con él.

EL HUESPED ... no es un intruso en nuestro trabajo — es la razón del trabajo.

EL HUESPED ... nos hace un favor cuando llega — nuestro servicio no es un favor que le hacemos.

EL HUESPED ... es nuestro socio de negocios — no un extraño.

EL HUESPED ... no es un numero de habitación o estadística — es un ser humano, con los mismos sentimientos y emociones que nosotros.

EL HUESPED ... no es una persona con quien discutir o a quien atacar.

EL HUESPED ... es una persona que nos trae sus deseos — nuestro trabajo es satisfacerlos.

EL HUESPED ... se merece el servicio más atento y cortés que le podamos dar porque:

EL HUESPED ... es la persona que hace posible que se satisfagan nuestras cuentas, se paguen nuestros salarios y mantener nuestra industria. ¡SIN EL NO HABRIA HOTELES!

MANEJO DE ARTICULOS PERDIDOS

Con frecuencia los huéspedes, clientes y compañeros de trabajo en el hotel pierden u olvidan sus cosas personales. A continuación se detalla el método correcto para el manejo de artículos perdidos así como para preguntas sobre propiedad perdida.

PROCEDIMIENTO PARA ARTICULOS PERDIDOS

Cuando usted encuentre un artículo, entrégueselo inmediatamente a su supervisor quien se lo entregará al Departamento de Seguridad para que lo guarde y procese. El nombre de usted acompañará al artículo. Si nadie lo reclama en un plazo de 90 días, se le entregará a usted. Durante la orientación, se explicarán los detalles específicos sobre los Procedimientos para Artículos Perdidos.

POLITICA DE SOLICITACION Y COLECCION

¡El hotel opina firmemente que el tiempo de trabajo es para trabajar! Durante el tiempo en que un empleado debe estar trabajando, no se le permitirá a ese empleado que haga solicitaciones de ningun tipo, venda mercancías, distribuya material informativo u otro material, ni interferir de cualquier otro modo en el trabajo de los demás empleados.

MANEJO DE LAS QUEJAS DE LOS HUESPEDES

Escuche cuidadosamente y permítale al huésped que cuente su caso sin interrumpirle. Si la situación exige la atención inmediata y usted no posée la autoridad o los conocimientos para tomar la acción necesaria, refiera al huésped a la persona o departamento apropiado. De lo contrario, haga un

INTER·CONTINENTAL MIAMI

— 11 —

MANUAL DE EMPLEADOS

BENEFICIOS

E. Ausencias con Permiso

1. Permiso para Servir en Jurado (Continuación)

El empleado recibirá su sueldo normal de hasta dos (2) semanas, menos el pago que el empleado recibió del tribunal. El empleado debe presentarle a su supervisor y al Departamento de Personal la notificación por escrito del tribunal exigiendo sus servicios. Si un empleado sire en jurado como voluntario, no se le concederá el permiso.

2. Permiso por Maternidad

Cuando una empleada se entera de que está embarazada, debe informárselo a su supervisor y dar parte al Departamento de Personal antes del tercer mes. La empleada debe hacer que su médico complete el Formulario "Consentimiento de Trabajo" al final de los quinto y séptimo meses de embarazo. Se le concederá la Ausencia con Permiso desde el día en que su médico indique que debe dejar de trabajar.

Se le concederá un Permiso que vencerá ocho (8) semanas después del nacimiento del niño. Al regresar al trabajo, debe traer un permiso del médico en que se estipule la fecha en que nació el niño y se diga que está físicamente capacitada para trabajar. Si la empleada no regresa al trabajo al fin del permiso por maternidad, será despedida. El ultimo día trabajado es el día de la separación.

3. Permiso Militar

Todo empleado que se inscriba en las fuerzas armadas de los Estados Unids recibirá un permiso. Cuando se le descargue del servicio debe solicitar que se le vuelva a emplear en un plazo de noventa (90) días. Mantendrá todos sus derechos de antiguedad y se le restaurará en todos los programas de beneficios sin ningun período de espera. Regresarán a una posición igual o similar con un pago equivalente.

4. Permisos para Reserva o Guardia Nacional

Todo empleado que tenga que prestar servicio en las reservas activas o en la Guardia Nacional para capacitación recibirá el Permiso sin pago. El empleado podrá usar sus vacaciones para cubrir el período de la ausencia.

BENEFICIOS

5. Permiso por Enfermedad

A todos los empleados permanentes pagados ya por hora o asalariados se les concederán seis (6) días con pago por enfermedad al año, una vez que el empleado ha completado 6 meses de empleo contínuo. Al pasar esos seis meses es que el empleado empieza a ser elegible para acumular días de enfermedad.

7

HOTEL
INTER•CONTINENTAL
MIAMI

Landmark Hotel Corporation

EJEMPLARES DE CONDUCTA

Estas guias se han puesto por escrito para el beneficio suyo y de sus compañeros de trabajo con el fin que todos los empleados reciban el mismo tratamiento justo.

El hecho de cualquiera de los **actos siguientes** sera considerado como justa causa para el **despido inmediato**:

1. Cualquiera falsificacion o alteración de los archivos de la compañía, incluyendo la aplicación de empleo.

2. Posesión de armas peligrosas o mortales en el edificio de la compañía o estando fuera del edificio de la compañía mientras se desempeña el trabajo de la compañía.

3. Presentarse a trabajar bajo la influencia de intoxicantes o drogas; beher bebidas alcoholicas, usar drogas, o la posesión de cualesquiera cuando esten en tiempo de la compañía o en el edificio.

4. Rehusar a obedecer instrucciónes directas de un Supervisor. (Insubordinacion.)

5. Forzar, intimidar o amenazas en contra de los clientes, Supervisores o compañeros de trabajo.

6. Conducta irrespetuosa o descartés contra los clientes o Supervisores.

7. Juego o peliar en el edificio de la compañía.

8. Robo, malapropiación, abuso o destruccion intencional de la propiedad de los empleados; visitantes o de la compañía, o el traslado de lo mencionado sin autorización, incluyendo articulos que sean encontrados.

9. Interferir o obstruir el horario del trabajo.

10. Estar ausente tres dias consecutivas del horario de trabajo sin aprobación se entendera como renuncia voluntaria.

11. Acosamiento a los compañeros de trabajo, Supervisores o huéspedes. Esto incluye, pero no limita a, acosamiento racial o sexual.

12. Revelar información confidencial a personas sin autorización.

13. Dormir en el trabajo.

14. Violación de leyes publicas en el trabajo y en la propiedad de la compañía.

15. Inmoral, inmatura, o conducta indecente; solicitar personas para propositos inmorales, ayudar o apoyar a lo mencionado.

16. Fumar en áreas prohibidas.

17. Uso del telefono sin autorización, o uso frecuente e innecesario para negocios personles.

18. Estacionamiento de el vehiculo en otras áreas que los que han sido designados por la gerencia.

19. Fallar de sostenerse a las reglas del reloj y el procedimiento de marcar para entrar y para salir; la falsificacion de las tarjetas de tiempo; trabajar sobretiempo sin autorización de la gerencia; terminar de trabajar antes de tiempo sin autorización de la gerencia.

20. Excesiva ausencia, o llegar tarde al trabajo.

21. Comer o tomar refrescos a cualquiera otra hora que la designada hora de descanso, tiempo de comida, o en otras áreas que las designadas por la gerencia.

22. Fallar de desempeñar el trabajo o ocupaciones asignados satisfactoria y eficientemente.

23. Ausencia de la área de trabajo asignado sin autorización, o mantenerse en una área inautorizada. Holgaganear en el trabajo.

24. Fallar de cumplir con las practicas ya establecidas de salud, fuego y seguridad. Dejar de reportar acciones contra la seguridad causada por otros empleados, o lastimaduras que sufran mientras esten en el trabajo.

25. Falla de mostrar una apariencia aseada de negociante y un grado alto de limpieza personal a todo tiempo. Falla de usar el uniforme ordenado o la placa de nombre aprovada. Ambas si es necesario.

26. Solicitar para cualquier propósito en tiempo de trabajo, pedir hablar o buscar a un empleado mientras este trabajando, o la distribucion de literatura de cualquier clase o cualquiera hora en las áreas de trabajo. Colocar o quitar avisos, letreros, o escribir en nin una forma en la pizarra del boletin.

27. Hacer o publicar falsos, depravados o malignos informes concerniente a un trabajador, Supervisor, la compañía o su comida, bebidas o servicios que esten al alcance del oido de los clientes.

28. Discutir información confidincial de la compañía en áreas publicas a modo que los clientes puedan oir la conversacion.

29. La presencia sin autorización en las funciones y áreas de los huéspedes, o en el edificio, inclusive en los cuartos de los huéspedes, comedares, barra o salan o la alberca.

30. Solicitar para propositos inmorales, ayuda o apayo de lo mencionado.

31. No se permitira descuento del pago de dos deudas por separado en un periodo de seis meses (sujetos a cualquier restriccion o ley federal, del Estado o local).

32. Permanecer en la área de trabajo cuando no es tiempo de trabajar sin lo aprobacion de la gerencia.

33. Estar en el edificio de la compañía sin estar en tiempo de trabajo sin aprobacion de la gerencia.

34. Fallar de marcar el reloj para entrar o salir apropiodamente; marcar el reloj antes del tiempo para entrar o marcar para salir despues del horario de trabajo sin la autorización de la gerencia; marcar la tarjeta de tiempo de otro compañero de trabajo; trabajar sobretiempo sin aprobacion del Gerente, ausencia o llegar tarde sin excuso; dejar de trabajar antes de tiempo o reportar propiamente cuando este ausente. (El empleado debera reportar a su gerente por telefono o mensaje por escrito una hora antes de presentarse al trabajo, incluyendo la razon por su ausencia y cuando regresara al trabajo.)

35. Pertenecer o tener conocimiento de actividades dentro o fuera del edificio que pudieran ser considerados como un descredito a la compañía y sus trabajadores.

CONTENIDO

PROCEDIMIENTO DE GOBIERNO DOMESTICO

Estos procedimientos que siguen para limpiar las habitaciones han sido dibujado por O.M.S. para conservar el tiempo y la energía del asistente de las habitaciónes quien haría los menos viajes posibles a la carreta y alrededor del cuarto.

Se ha notado que este método es la manera más eficiente para limpiar una habitación. Aunque algunos asistentes de las habitaciones encontraran que es difícil cambiar su rutina para limpiar, es la responsibilidad del ama de gobierno instruir los empleados en estos procedimientos y verificar la ejecución de éstos hasta que puedan seguir el método automáticamente.

Un sumario de los procedimientos para limpiar las habitaciónes está indicado abajo. En las páginas que siguen se halla una descripción detallado y paso a paso de los procedimientos.

PRIMERA ETAPA
1. Entre en la habitación
2. Coloque la carreta
3. Recoja la basura, los ceniceros, los vasos, y la cubeta para hielo
4. Abran las cortinas
5. Descargue la basura

SEGUNDA ETAPA
1. Recoja las provisiones y colóquelas en el aparador
2. Quite el cobertor y las sábanas sucias de las camas y recoja las sábanas y la felpa esponja que están sucias

TERCERA ETAPA
1. Limpie la bañera y el área de la de ducha
2. Limpie las paredes y la puerta del baño
3. Limpie el tocador, el lávabo y el espejo
4. Limpie el retrete
5. Coloque las provisiones en el baño
6. Limpie el suelo del baño

CUARTA ETAPA
1. Haga la(s) cama(s)

QUINTA ETAPA
1. Limpiar y quitar el polvo al cuarto
2. Aprovisionar de nuevo

SEXTA ETAPA
1. Limpie la alfombra con la aspiradora
2. Arregle las cortinas
3. Compruebe la habitación

Primera Etapa

ENTRE EN LA HABITACIÓN
COLOQUE LA CARRETA
RECOJA LA BASURA, LOS CENICEROS, LOS VASOS Y LA CUBETA PARA HIELO
ABRA LAS CORTINAS
DESCARGUE LA BASURA

A. ENTRE EN EL CUARTO

1. Si hay un letrero que dice ("No Molestar") en la puerta, no trate de entrar en la habitación a menos que se lo instruya el ama de gobierno o su asistente.
2. Aprete el botón nocturno.
3. Si el botón va por adentro toque a la puerta y diga, "Housekeeping."
4. Si no hay respuesta abra la puerta y encienda la luz.

B. COLOQUE LA CARRETA DEL ASSISTENTE DE LA HABITACIÓN CON EL LADO ABIERTO MIRANDO AL CUARTO.

C. QUITE EL CARRITO DEL ASISTENTE Y LA ASPIRADORA DE LA CARRETA.

1. Coloque la aspiradora al lado de la parte interior de la puerta (para guardarla abierta).
2. Ponga el carrito en el baño en el tocador.

D. RECOJA LA BASURA, LOS CENICEROS, LOS VASOS Y LA CUBETA PARA HIELO Y COMPRUEBE QUE FUNCIONAN LAS LUCES.

1. Recoja la basura de la alcoba y del balcón y póngala en el cesto de papeles de la alcoba.
2. Mientras que se mueve alrededor de la habitación, abren las cortinas, vaciar los ceniceros, (esté seguro que el fuego está apagado) en el cesto de papeles, y compruebe todas las luces.
3. Coloque los ceniceros, los vasos y la cubeta para hielo en el cesto para papeles.
4. Verifique cúales son las provisiones para huéspedes necesitadas en todo la habitación.
5. Coloque los ceniceros y la cubeta para hielo al lado del lávabo.
6. Recoja la basura del baño y póngala en el cesto de papeles.
7. Descargue toda la basura en el cesto de papeles de la alcoba.
8. Remueva el tapón del lávabo y de la bañera y remueva todos los pelos con un papel de seda seca.
9. Remueva del baño todos los demás pelos sueltos con un papel de seda seca.

E. DESCARGUE LA BASURA

1. Vuelva a la carreta y descargue el cesto de papeles de la alcoba en la bolsa para basura.
2. Devuelva lo(s) cesto(s) de papeles al baño.
3. Si hay bandejas para comida en la habitación, cubra la bandeja con una servilleta y póngala en el corredor. Note el número de la habitacion en la lista de asignaciones (use un "T" en el informe) y llame inmediatemente por téléfono a la cajera—patrona/el botones para decirle de la presencia de la bandeja.

Segunda Etapa

VUELVA A LA CARRETA Y RECOJA LAS PROVISIÓNES
PONGA LAS PROVISIÓNES EN EL APARADOR
QUITE LAS SÁBANAS Y RECOJA LAS SÁBANAS Y LA FELDA QUE ESTÁN SUCIAS

A. RECOJA TODAS LAS PROVISIONES DE LA CARRETA.
RECOJA TODAS LAS PROVISIONES QUE SE NECESITA.
COLOQUE EN EL APARADOR EN TRES GRUPOS.

1. Provisiones para los huéspedes.
2. Toallas para el baño.
3. Sábanas para la alcoba.

B. QUITE LAS SÁBANAS/RECOJA LAS SÁBANAS Y LA FELDA QUE ESTÁN SUCIAS.

1. Muévase al pie de la cama.
2. Quite el cobertor y la manta y póngalos en la silla más cerca.
3. Quite las sábanas y las fundas de las almohadas.
4. Coloque todas las sábanas sucias en el pie de la cama más cerca de la puerta del baño.
5. Lleve una de las fundas al baño.
6. Ponga toda la felda sucia en la funda.
7. Vuelva a la cama y recoja las sábanas sucias.
8. Lleve todas lás sábanas sucias y la felda sucia a la carreta y póngalas en la bolsa para sábanas que está en la carreta.

Tercera Etapa

LIMPIE LA BAÑERA Y EL ÁREA DEL BAÑO DE DUCHA
LIMPIE LAS PAREDES Y LA PUERTA DEL BAÑO
LIMPIE EL TOCADOR, EL LÁVABO Y EL ESPEJO
LIMPIE EL RETRETE
PONGA LAS PROVISIONES EN EL BAÑO
LIMPIE EL SUELO DEL BAÑO

A. LIMPIE LA BAÑERA Y EL ÁREA DEL BAÑO DE DUCHA.

1. Llene una mitad del cesto de papeles vacío con agua templada; coloque al lado del baño.
2. Rocie las paredes, la jabonera y las guarniciones con la solución limpiadora como se requiere.
3. Rocie la bañera, el tapón y la cortina de la ducha con la solución limpiadora como se requiere.
4. Frote para limpiar todas las áreas con una esponja del dorso blanco poco mojada.
5. Aprete la cortina de la ducha contra la pared para apoyo y frote para limpiarla.
6. Últimamente frote la pared y la bañera.
7. Enjuague la esponja en el cesto para papeles y aprétela hasta que esté seca.
8. Frote los accesorios de cromo con un paño seco para remover las manchas dejado por el agua.
9. Deje a la cortina de la ducha colgando en el centro de la vara.

B. LIMPIE LAS PAREDES Y LA PUERTA DEL BAÑO.

1. Rocie la solución limpiadora en el paño y como se requiere frote la puerta y las áreas de pared que quedan.
2. Enjuague y aprete la esponja en el cesto para papeles; frote las paredes y ambos lados de la puerta.

C. LIMPIE EL TOCADOR, EL LÁVABO Y EL ESPEJO.

1. Lave, enjuague y seque los ceniceros. Póngalos a un lado.
2. Rocie la cubeta para hielo con la solución limpiadora, enjuáguela, séquela y póngala a un lado.
3. Rocie el cesto para papeles del baño con la solución limpiadora enjuáguelo, séquelo y póngalo a un lado.
4. Frote las bombillas con un paño seco y las guarniciones con una esponja mojada si las necesitan.
5. Remueva el tapón del lávabo, rocie el tapón, el lávabo y el tocador con la solución limpiadora.
6. Usando una esponja del dorso blanco mojado, frote el tapón, el lávabo y el tocador; reponga el tapón.
7. Enjuague la esponja en el cesto de papeles; frote todas las áreas otra vez.

8. Rocie el limpiador para cristales en el centro del espejo y en los accesorios del cromo.
9. Frote estas áreas con un paño seco para remover las manchas dejados por el agua.

D. LIMPIE EL RETRETE.

1. Tome la aljofifa para la cubeta del retrete y póngala en el agujero en el fondo del retrete. Mueva la aljofifa con una acción de bombear. Esta acción bajará el nivel del agua en el retrete.
2. Rocie la solución limpiadora en el retrete y en la aljofifa.
3. Utilice la aljofifa para limpiar debajo del borde y dentro del retrete.
4. Limpie a la redonda de la cubeta del retrete y debajo del asiento con la aljofifa. Limpie el retrete con un chorro de agua.
5. Enjuague la aljofifa en el retrete y remueva el jabón del fondo del asiento y de encima de la cubeta.
6. Rocie la solución limpiadora encima del asiento, de la tapa, y en los lados y sobre el depósito y tambien el exterior de la cubeta.
7. Frote todas las áreas con una esponja.
8. Enjuague la esponja en el cesto para papeles y frote todas las áreas otra vez.

E. PONGA LA CUBETA PARA HIELO Y EL CENICERO EN EL APARADOR.

F. RECOJA LAS PROVISIÓNES PARA EL BAÑO Y LA FELDA.

1. Recoja las provisiones para el baño y la felda y vuelva al baño.
2. Coloque las provisiones y la felda en el baño.

G. LIMPIE EL SUELO DEL BAÑO.

1. Ligeramente rocie la solución limpiadora en una porción pequeña del suelo empezando con la parte trasera del cuarto.
2. Ponga el carrito de provisiones para limpiar

afuera de la puerta del baño.
3. Frote el suelo utilizando el cepillo extrafuerte y/o una esponja del dorso verde.
4. Enjuague la esponja como se necesita en el cesto para papeles y frote el area. Sigue con el proceso hasta que el suelo esté limpio y completamente enjuagado.
5. Después de enjuagar el suelo, vaciar el agua del cesto de papeles en el retrete y limpie con un chorro de agua.
6. Rocie la solución limpiadora en el cesto para papeles y frote con la esponja.
7. Ponga el cesto para papeles afuera del baño y limpie cualquiera mancha de agua que quede en el exterior del retrete.
8. Compruebe el cuarto y remueva los pelos sueltos.
9. Mientras se vuelve atrás del baño, frote las huellas del suelo y apague la luz.

Cuarta Etapa

Siguen dos métodos para hacer la cama. Los asistentes de la habitación pueden usar cualquiera de los dos métodos.

HACER LA(S) CAMA(S)— EL MÉTODO DE "UNA VEZ ALREDEDOR"

A. VAYA AL APARADOR.
1. Recoja las sábanas del tocador.
2. Estaciónese entre las camas.
3. Si es necesario ponga en orden la cojincilla del colchón.
B. HAGA LAS CAMAS DE LOS LADOS MÁS BIEN QUE DEL PIE.
Note bien: Si se necesita hacer ambas camas, termine los lados interiores de ambas camas antes de moverse al lado más cerca del baño. El lado cerca del aire acondicionador debe ser el último lado de ambas camas que se termina.
1. Del lado de la cama, centre la sábana al través de la anchura de la cama

para que aproximadamente 18" de la sábana se extienda más alla de la cabeza del colchón.
2. Remeta la sábana debajo del colchón a lo largo de la cabecera de la cama.
3. Una con ingletes en el ángulo a la cabeza de la cama y remeta la sábana a lo largo del colchón.
4. Quedándose en el mismo lado de la cama, centre la sábana encimera al través de la anchura de la cama para que aproximadamente séis pulgadas se extienda más allá del cabo del colchón.
5. Centre la manta en la cama para que el borde de la manta esté aproximadamente séis pulgadas de la cabecera de la cama.
6. Doble la sábana encimera sobre la manta.
7. Ponga las almohadas en las camas y póngalas en sus fundas. (No ponga las almohadas debajo el mentón.) Coloque las almohadas en la cama cerca de la cabecera con los cabos abiertos hacia el exterior de la cama.
8. Muévese al ángulo interior del pie de la cama. Tire la sábana encima hacia al ángulo para quitar las arrugas. Haga el mismo con la manta.
9. Remeta ambas la manta y la sábana debajo del colchón al pie de la cama.
10. Una con ingletes la manta y la sábana debajo del ángulo interior del pie de la cama.
11. Ponga el cobertor en el ángulo interior del fondo del colchón.
12. Moviéndose a lo largo de la cama y hacia la cabecera, enderece y centre el cobertor en la cama.
13. Ponga el cobertor sobre las almohadas justamente más allá de la cabeza del colchón y remeta el cobertor debajo de los bordes de los frentes de las almohadas.
C. HAGA EL LADO OPUESTO DE LA CAMA.
1. Muévase al ángulo

opuesto al pie de la cama.
2. Tire la sábana bajera hacia el pie y el ángulo para quitar todas las arrugas; remeta la sábana debajo del lado del colchón.
3. Tire la sábana encimera hacia el pie y el ángulo para quitar todas las arrugas. Haga lo mismo para la manta.
4. Remeta ambas la manta y la sábana debajo del cabo del fondo del colchón.
5. Una con ingletes la manta y la sábana debajo del ángulo al pie de la cama.
6. Coloque y alinée el cobertor en el ángulo al fondo del colchón.
7. Moviéndose a lo largo del lado de la cama y hacia la cabecera, enderece y centre el cobertor en la cama.
8. Tire la sábana bajera hacia el ángulo de la cabeza para quitar todas las arrugas; remeta la sábana debajo del lado y el cabo del colchón.
9. Tire la sábana encimera hacia el ángulo para quitar todas las arrugas; Haga el procedimiento otra vez con la manta; Enderece la sábana y dóblela sobre la manta.
10. Ponga el cobertor sobre la almohada justamente más allá del cabo del colchón y remeta el cobertor debajo los bordes de los frentes de las almohadas.

HACER LA(S) CAMA(S)— MÉTODO ALTERNO

A. MUÉVASE AL APARADOR.
1. Recoja las sábanas del tocador.
2. Estaciónese entre las camas.
3. Si es necasario ponga en orden la cojincilla del colchón.

B. HAGA LA(S) CAMA(S)
1. Del pie de la cama, extienda la sábana bajera. Esté seguro que hay bastante sábana caída sobre la cabeza de la cama para cubrir el colchón.
2. Centre la sábana; muévase a la cabeza de la cama. Remeta la sábana debajo del colchón a lo largo de la cabecera.
3. Una con ingletes la sábana a la cabeza de la cama y remeta la sábana a lo largo del lado de la cama.
4. Vaya al lado opuesto de la cama y haga el mismo procedimiento.
5. Ponga la sábana encimera con la bastilla en la cabeza de la cama y la etiqueta al pie de la cama.
6. Centre la sábana dejando bastante de la sábana a la cabeza de la cama para cubrir el colchón.
7. Centre la manta sobre la sábana encimera.
8. Tire la manta hacia el pie de la cama hasta que esté aproximadamente la anchura de una mano del borde del colchón.
9. Al pie de la cama remeta la manta y la sábana encimera debajo del colchón.
10. Una con ingletes en el ángulo del pie de la cama la manta y la sábana (no las remeta a lo largo de los lados).
11. Muévase a la cabeza de la cama y doble la sábana encimera sobre la manta.
12. Empezando al pie de la cama; arregle el cobertor en la cama para que cuelgue aproximadamente dos pulgadas encima del suelo al pie de la cama y en ambos lados de la cama.
13. Muévase otra vez a la cabeza de la cama; doble el cobertor hacia atrás hasta que haya bastante tela para cubrir las almohadas.
14. Ponga las almohadas en la cama y póngalas en las fundas. (No ponga la almohada debajo del mentón) Póngalas en la cama con los cabos abiertos hacia el exterior de la cama.
15. Tome el borde del cobertor y cubra las almohadas. Remeta el cobertor sobrante detrás de las almohadas.
16. Quite cualquiera arruga que quede en el cobertor.

Quinta Etapa
LIMPIAR Y QUITAR EL POLVO A LA HABITACIÓN APROVISIONAR DE NUEVO

A. RECOJA LAS PROVISIONES PARA LOS HUÉSPEDES LAS QUE SE COLOCARÁ MIENTRAS QUE SE QUITE EL POLVO.
B. LIMPIE LA PUERTA.
1. Rocie la limpiadora en el paño y desempolve con el paño mojado alrededor del pomo y de la orla de la puerta.
2. Cuelgue el letrero de "No Molestar" adentro en el pomo de la puerta.
C. LIMPIE LA PERCHA PARA ROPA.
1. Desempolve con un paño mojado la percha.
2. Coloque las provisiones como se requiere.
D. LIMPIE EL APARADOR.
1. Desempolve con un paño mojado encima de, la frente de y los lados del aparador.
2. Desempolve con un paño mojado dentro de cada cajón, poniendo las provisiones en el cajón.
E. LIMPIE LAS GUARNICIONES DE LAS LÁMPARAS.
1. Desempolve con un paño mojado las guarniciones.
2. Enderece la pantalla con la costura detrás.
F. LIMPIE Y QUITAR EL POLVO AL TELEVISOR.
1. Rocie la pantalla con el limpiador de cristales, frote con el paño (el televisor debe estar apagado).
2. Quite el polvo a todo el aparato y al estante con un paño.
3. Encienda el televisor para verificar si funciona.
G. LIMPIE EL ESPEJO.
1. Rocie con limpiador de cristales en un paño limpio y frote hacia abajo el espejo.
2. Apague el televisor (si no está funcionando bien, ponga una nota para el ama de gobierno en la lista de asignaciones).
H. LIMPIE LA MESITA, LAS SILLAS Y LA LÁMPARA.
1. Limpie el tablero y la base de la mesa.
2. Coloque un cenicero limpio y una fosforera en el tablero.
3. Desempolve con un paño mojado las sillas de arriba abajo incluyendo los rieles y el espaldar.
4. Desempolve con un paño seco la lámpara.
I. LIMPIE LA(S) CABECERA(S) Y LA MESITA DE NOCHE.
1. Desempolve con un paño mojado la(s) cabecera(s).
2. Desempolve con un paño mojado, los lados y encima de la mesita de noche.
3. Desempolve con un paño mojado la frente del tablero incluyendo el cajón y/o el estante para el teléfono.
J. LIMPIE EL TELÉFONO.
1. Desempolve con un paño mojado el teléfono incluyendo el audífono.
K. LIMPIE LA(S) LÁMPARA(S) DE LA CAMA.
1. Desempolve y enderece las guarniciones.
2. Enderece la pantalla poniendo la costura por atrás.
L. LIMPIE LOS RESPIRADORAS DEL HVAC Y EL ÁREA DE LA VENTANA. ESTÉ SEGURO QUE TODAS LAS PUERTAS DE VIDRIO (SI HAY ALGUNA) ESTÉN CERRADAS CON LLAVE.
M. LIMPIE AMBOS LADOS DE LA PUERTA QUE CONECTA LAS HABITACIONES.
N. DEVUELVA EL CARRITO A LA CARRETA.

Sexta Etapa
LIMPIE CON ASPIRADORA LA ALFOMBRA ARREGLE LAS CORTINAS COMPRUEBE LA HABITACIÓN

A. ENCHUFE LA ASPIRADORA EN LA SALIDA MÁS CERCE DE LA PUERTA.
B. EMPUJE LA ASPIRADORA AL RINCÓN MÁS LEJOS Y LIMPIE HACIA LA PUERTA.
1. Limpie con la aspiradora bajo cualquiera cosa que se puede mover como la mesa y las sillas.
2. Desenchufe la aspiradora y arrolle el cordón eléctrico.
3. Coloque la aspiradora en la carreta.
C. LLEVE EL DESODORANTE DEL CUARTO A LA VENTANA, ARREGLE LAS CORTINAS Y COMPRUEBE LA HABITACIÓN.
1. Rocie el desodorante
—Una rociada en las cortinas
—Una rociada en el centro de la habitación
—Una rociada en el baño
2. Compruebe bien la habitación
D. DEVUELVA LA LATA DEL DESODORANTE AL CARRITO.
E. APAGUE LAS LUCES.
F. CIERRE LA PUERTA CON LLAVE.
G. REGISTRE EL ESTADO DE LA HABITACIÓN EN LA LISTA DE ASIGNACIÓNES.
H. SIGA A LA PRÓXIMA HABITACIÓN.

MANUAL PARA LOS EMPLEADOS DEL MOTOR INN

HORAS DE TRABAJO

Nuestros hoteles estan abiertos 24 horas al dia y 7 dias a la semana. En consecuencia, el Gerente del hotel deberá programar sus operaciones para tal efecto.

Las horas de trabajo varían de lugar a lugar, de tal manera, los Gerentes tienen autorización total para programar a los empleados. Su Gerente le notificará sobre su plan de trabajo.

REGISTRO DE HORAS DE TRABAJO

En todos nuestros hoteles, los empleados firman cuando entran y salen de su trabajo, para así poder registrar correctamente la cantidad de horas trabajadas.

Para un empleado, la manera más apropiada de registrar su tiempo es firmando cuando llega al trabajo, antes de salir a comer, cuando regresa de la comida, y al final del dia de trabajo. De esta forma, la hoja de registro va a reflejar con exactitud la cantidad de horas trabajadas, utilizandose ese registro para calcular su pago quincenal.

HORAS ADICIONALES DE TRABAJO

En casi todas las circunstancias, nuestros hoteles programarán al personal de tal manera que no será necesario trabajar horas adicionales. Sin embargo, hay situaciones de emergencia cuando se puede necesitar horas adicionales de trabajo debido a la falta de personal o incremento comercial repentino. Por todas la horas trabajadas en exceso

18

de las 40 horas semanales, La Quinta pagará tiempo y medio de su salario regular por hora.

ASISTENCIA Y PUNTUALIDAD

Una operación eficiente, está basada en que sus empleados estén en su puesto de trabajo a tiempo. Si usted no puede evitar el llegar tarde, notifique a su Gerente del hotel tan pronto como sea posible. Permitiendole a este programar al personal con menor dificultad.

Recuerde que una ausencia o retraso creará una carga sobre sus compañeros de trabajo. Las llegadas tarde o ausencias deben estar indicadas en el Registro de Horas de Trabajo.

DESCANSO PARA LAS COMIDAS

El descanso para las comidas será pleneado por el Gerente del hotel, para todos los empleados con un programa de trabajo mínimo de 4 horas. Este período de descanso es sin derecho a pago, por los que los empleados deberán abstenerse de trabajar durante el mismo. El Gerente señalará el área donde los empleados pueden tomar su descanso para tal efecto.

DATOS PERSONALES

Es para su beneficio que usted se asegure que La Quinta tiene toda su información actualizada. Por favor informe a su Gerente, si cambia su estado civil, si se muda a una nueva dirección, si el número de sus dependientes cambia, si ha completado alguna educacíon adicional o si algún otro cambio importante ha sucedido. Su Gerente

19

POLITICA DE EMPLEO

La Quinta Motor Inns, Inc. y su generencia, tienen el orgullo de ofrecer Igualdad de Oportunidad a todos sus empleados. Esta política, ha sido aplicada desde los comienzos de nuestra Compañía y nos compromete a ofrecer igual oportunidad a todos los empleados y postulantes, sin tener en cuenta su raza, religión, color, sexo, edad, desventaja física o nacionalidad. Esta norma rige en todas las fases de nuestra empresa, incluyendo solicitud de trabajo, contratación, designación, traslado, promoción, descenso de categoría, trato durante el tiempo de empleo, sueldos u otras formas de compensación, selección para entrenamiento, despido y renuncia.

Nuestro objetivo es obtener y conservar individuos calificados o entrenables en virtud de trabajos eficientes realizados o educación, entrenamientos anteriores, experiencia y potencial.

PROGRAMA DE SALARIOS Y JORNALES

Sueldos y Jornales son muy importantes para cada uno de nosotros y para nuestra seguridad financiera. La Quinta hará todos los esfuerzos posibles para mantener un equitativo, competitivo y realista programa de salarios. Nuestra meta en esta área es ver que aquellas personas que desempeñan responsabilidades de trabajo similares reciban pagos también similares.

El desempeño individual de cada empleado en su trabajo se verá reflejado en su salario. De esta forma trataremos de hacerle conocer a cada empleado, lo que pensamos acerca de su desempeño.

Si hay algo que no entiende acerca de su salario o beneficios consulte al Gerente del Hotel, quien se encargará de contestar sus preguntas.

CLASIFICACION DEL EMPLEADO

Las clasificaciones del empleado son las siguientes:

Empleados Permanentes de Tiempo Completo
Son los que tienen en su horario regular de trabajo, un mínimo de 30 horas semanales.

Empleados de Tiempo Parcial
Son los que su horario regular de trabajo semanal es menor de 30 horas.

Empleados Temporales
Son aquellos que son ocupados por un período de tiempo limitado, sin tomar en cuenta el número de horas semanales. Ejemplo: Personal contratado sólamente para la temporada de verano.

SELECCION Y ASIGNACION

El alto nivel de calidad de La Quinta Motor Inns, Inc. se hace posible solamente por nuestro esmero en emplear personal calificado. Usted ha sido seleccionado entre numerosos postulantes, en base a sus antecedentes, los que consideramos cubren las exigencias de La Quinta. Su elección se debe a que creemos que puede tener una larga y exitosa carrera en nuestra Compañía.

Usted ha sido seleccionado para este trabajo después de varias entrevistas con la Gerencia de Personal, durante las cuales se evaluaron, entre otras cosas, su educación, experiencia, intereses y las necesidades de la Compañía. Las obligaciones de su trabajo y que es lo que se espera de usted como empleado, le será explicado por su supervisor inmediato.

NORMAS Y REGLAS GENERALES PARA EL PERSONAL

4

5

Seguridad:

¿De quien es la responsabilidad?

HYATT ⊕ HOTELS CORPORATION

LAVANDERIA Y VALET

- Cuando recoja o entregue ropa de la lavandería, el carrito de envío debe guardarse en los pasillos interiores de servicio para evitar pérdidas.

- Si usted encuentra artículos en la ropa, mientras se lava, deben ser devueltos al huesped, propietario de dicha ropa, si usted no puede averiguar de quien es el artículo que ud. encontró, entréguelo inmediatamente a la sección de artículos perdidos.

- Si usted ve una bandeja o mesa de servicio fuera de un cuarto llévela al corredor interior de servicios o llame a la sección de servicio a los cuartos e informe el sitio donde se encuentra.

- Después de recoger o entregar la ropa vea que la puerta este bien cerrada, con llave.

CAJERO

- Cuando un huesped solicite una caja de seguridad fijese que la llene completamente y firme el formulario. Asegúrese de obtener las firmas de todas las personas autorizadas a usar la caja de seguridad. Cada vez que el huesped la use tiene que firmar la tarjeta; compare las firmas, y si estas no coinciden llame a su supervisor o al gerente antes de dar acceso a la propiedad.

- Cuando el huesped desocupa la caja de seguridad debe firmar un formulario, el cual tiene que ser depositado en la oficina del cajero general.

RECEPCIONISTA PRINCIPAL

- No olvide advertir a los huéspedes sobre la disponibilidad de cajas de seguridad.

- Sea cuidadoso en mantener las tarjetas de registración en un lugar que no este a la vista.

- Si alguien pide informes de la llegada o el número del cuarto de un huesped, dirijalo a los teléfonos de servicio interno del hotel. Nunca dé informes sobre los huespedes.

- Cuando llame a un botones para que lleve al huesped a su habitación, nunca mencione el número del cuarto, simplemente digale que lleve al

- Cuando un huesped pida la llave de su cuarto, pidale identificación y compárela a la registración antes de entregarle la llave.

- Al aceptar algún encargo para un huesped firme el recibo, si es necesario, pero nunca escriba el número del cuarto. Entonces haga llegar el envío al cuarto del huesped, sólo cuando este disponible para recibirlo. En caso contrario déjele un mensaje, informándole que hay un envío para él en la recepción.

- Nunca discuta incidentes de seguridad (quejas o problemas) en la recepción. Reciba solamente la información, ruéguele al huesped que vuelva a su cuarto, llame al gerente o a seguridad y notifíquele el número de cuarto del huesped. Si éste ya liquidó la cuenta, traiga al gerente o encargado de seguridad para discutir en privado el caso del huesped.

CAPITAN DE BOTONES

- Dé un comprobante por cada artículo que el huesped le entregue, ya sea para poner en el depósito de equipaje o sea enviado al cuarto del huesped.

- Asegúrese que la puerta del depósito de equipaje este siempre cerrada. Ninguna persona puede entrar sin autorización.

- Compare cuidadosamente los comprobantes. Cuando el equipaje es entregado al huesped pida el recibo y depósite la mitad en la caja correspondiente.

- Cuando conduzca a un huesped a su cuarto infórmele sobre la disponibilidad de cajas de seguridad para dinero y artículos valiosos.

- Muéstrele a cada huesped los pasadores y cadenas de seguridad en las puertas, la información que se encuentra detrás de la misma y el mapa que indica la vía más rápida en caso de emergencia o incendio.

- Si usted ve una bandeja o mesa de servicio fuera de un cuarto llévela al corredor interior de servicio o llame a la sección de servicios a los cuartos e informe el sitio donde se encuentra.

- Cuando el huesped deja el cuarto revise el closet, las gavetas y el baño, si encuentra algo devuélvalo a la sección de artículos perdidos.

BENEFICIOS DEL EMPLEADO

BENEFICIOS: ELEGIBLES:

Vacaciones: 10 Empleados de tiempo
despues de un año   completo
Cumpleáños como   Empleados de tiempo
un día de fiesta completo que a traba-
                              jado tres años
Descuentos en las   Todos los empleados
habitaciones
Asequranza despues Empleados de tiempo
de 90 dias: completo
     Vida
     Medica
     Fallecimiento
        Accidental o
        Desmembramiento
Dias Festivos   Empleados de tiempo
                              completo
Comidas Gratis Todos los empleados
Uniformes   Empleados designado
Estacionamiento   Todos los empleados
Gratis
Empleados   Todos los empleados
"All Star"
Juntas de Emplea-   Todos los empleados
dos
Actividades Soci-   Todos los empleados
ales y Recreaciones
Descuento en   Todos los empleados
Ticketes

CUMPLEANOS

Un empleáños de tiempo completo que a
trabajado por Harvey Hoteles tres años tiene e
derecho de recibir su cumpleáños como un día de
fiesta pagado. Si su cumpleáños cae en un día de
descanso o un día de fiesta, ud. Recibirá el día mas
próximo a su compleáños como día de fiesta
pagado.

¿NECESITA AYUDA?

Los Hoteles Harvey han establecido
normas muy elevadas en el desempeño de su
trabajo y el de todos los demas. Para poder
ayudarle a desempeñar su trabajo y responder
a toda pregunta o problema, los Hoteles
Harvey mantienen un sistema de "puerta
abiera" para los empleados. Usted debe de
intentar de resolver su problema con su
supervisor, mas no se detenga en preguntar o
consultar con alguien de las gerencia cuando
tenga algun problema.

Employee Handbook

Gerente General

Director de Ventas — Ventas de Grupo — Club Executivo de Viajes (ETC)

Director de Alimentos y Bebidas — Restaurantes — Bebidas — Cocina — Servicio de Habitacion

Director de Comidas — Comidas — Ventas — Banquetes

Jefe de la Oficina de Recepcion — La area de recepcion — Oficina de Porteros — Telefonos — Reservaciones

Director de Housekeeping — Housekeeping — Landeria — Areas Publicas

Jefe de Personal — Reclutamiento del Personal

Jefe de Ingenieria — Ingenieria — Mantenimiento

Jefe de Contabilidad — Contabilidad — Ajustes de Cuentas — Salarios — Creditos — Recibimientos

ACTITUD PERSONAL

La actitud es el reflejo directo de su carácter y afecta a todos los que lo rodean. El éxito de la companía será el resultado de su actitud amistosa, servicial y considerada. Los Hoteles Harvey enseñan los empleados que estamos "Aquí Para Usted" y ponemos acento en comfortar a los huespuedes.

APARIENCIA

La apariencia personal es importante en nuestro negocio. Al ser representante del Ho- tel Harvey es importante que usted mantenga una apariencia limpia y nítida. Favor de seguir las guías de vestir y presentacion diaria que se mencionan.

— La higiene personal es esencial.
— Mantenga su cabello limpio y peinado.
— Barbas y bigotes deben de estar nitidos y bien cortados.
— Las uñas deben de estar cortas.
— No use demasiados cosmeticos.
— No use joyas en exceso.
— Zapatos en buena reparacion. Tongas, huaraches y tennis no se permiten.
— Usar calcetines y medias conforme a su uniforme.
— Departamentos individuales tendran guias adicionales de acuerdo con el uniforme. Confirme estos con su supervisor.

sepa como prevenir

ACCIDENTES ELECTRICOS

1. Inspeccione los cordones

Asegurese que no haya roturas o desgaste en el enchufe o aislamiento. Mantenga los cordones lejos de lugares asperos, agudos, calientes o grasosos.

2. Asegurese que este conectado a tierra

Todo equipo debe tener enchufes de 3 puntas o estar aislado.

3. Este alerta por senales de peligro

Si una maquina se calienta, humea, o hace corto, o si siente un ligero toque, desconectela—y llame al servicio de reparacion.

4. Agua mas electricidad resulta en problemas

No toque equipos electricos si usted esta parado en agua o en lugares mojados.

sepa como prevenir

ACCIDENTES QUE RESULTAN

LEVANTANDO...

1. Mire el objeto que tiene que levantar. Asegurese que no sea demasiado pesado o demasiado dificil de manejar.

2. Parese cerca del objeto con los pies separados para equilibrio. Asegurese de estar bien firme.

3. Doble las rodillas mantenga la espalda lo mas derecho posible.

4. Agarre bien el objeto y mantenga el peso junto a su cuerpo.

5. Levante lenta-mente — endereze las rodillas y parese. Use los musculos de las piernas. Evite movi-mientos bruscos.

6. Consiga ayuda si es demasiado peso para levantar usted solo, consiga a alguien que le ayude.

AL MOVER  COSAS

LLEVANDO...

1. Mantenga el bulto cerca de su cuerpo.

2. Evite torcer su cuerpo Cambie de direccion moviendo solo sus pies.

3. No cambie el bulto de posicion mientras lo lleva.

4. Mire de frente el lugar donde va a dejar el bulto.

EMPUJANDO Y ESTIRANDO...

1. Agarre bien el objeto, ambas manos en las manijas.

2. Mantenga la espalda **derecha** lo mas posible.

3. Asegure sus pies para mayor fuerza.

4. Doble las rodillas para hacer mejor uso de su peso.

TEACHER'S MANUAL

This manual is made available as a "user-friendly" guide for any individual who may want to self-teach the material or assume a "presenter's" role.

The fundamental reason for including this unique section in the student workbook is to make available a "user-friendly" guide for any individual who answers the leadership role in presenting the material contained in the workbook. It is even conceivable that a student could self-teach the material.

This manual will in no way attempt to present a step-by-step presentation of teaching techniques. The ultimate success of the use of this material can be summed up in two words: **BE ENTHUSIASTIC.** In a people business such as the hospitality industry this characteristic outward manifestation should not have to be mentioned. Of course, any individual assuming a "presenter's" role of this material should have adequate industry experience, food and beverage as well as lodging, so as to lend credibility to the instruction and make the necessary role-playing conversational interchange valid.

The workbook is divided basically into four sections: (1) Survival situational phrases; (2) Lo Básico; (3) Manual de Empleados; and (4) Supplementary Exercises.

The survival situational phrases are presented in two broad groups, with all food and beverage presentations preceding the housekeeping presentation. The three-column phrase format is utilized throughout the workbook. In the first column the student will see the English for the phrase to be learned. This column will be followed by two blank columns. In the second column the student should write the phrase as he or she hears it and repeat it several times after the instructor. Finally, in the third column the student should write the correct Spanish.

Example

1. Clear the table.		

The instructor would say in Spanish "KEY-TAY LA MAY-SAH." This phonetic presentation will always be found in the teacher's manual section. After mastering the pronunciation, the instructor would write down "QUITE LA MESA" in the third column.

In the sections labeled LO BÁSICO, pronunciation and grammatical hints are presented to help maximize the student's mastery of the material and also to ease the new pronunciation problems.

The third section, MANUAL DE EMPLEADOS (Employees' Manual), is a two-column format presentation. On the left will be a Spanish text of narrative typical to most any employee manual. The student and instructor will note that many words are in *italics*. It is hoped that the purposeful use of these many "COGNADOS" (cognates) will make easier a basic understanding of the issues presented.

Pronunciation is not the major emphasis in this section. Rather, understanding of the content should be the fundamental objective so that the necessary human relations management skills will be available while working with your Spanish-speaking employees.

The last section provides many supplementary exercises which can be used by the student/instructor as desired to increase competency. Special sections have been included throughout the Student Workbook for important classroom notes. Example: **LO IMPORTANTE**.

With this brief introduction let us proceed to the textual material.

Lo importante

Problem: With what 14 Spanish...

1. one	*oo/no*	uno
2. two	*dose*	dos
3. three	*trace*	tres
4. four	*kwa/tro*	cuatro
5. five	*sing/ko*	cinco
6. six	*say/sss*	seis
7. seven	*see/ay/tay*	siete
8. eight	*oh/cho*	ocho
9. nine	*new/way/bay*	nueve
10. zero	*sar (like in Sarah)/oh*	cero
11. occupied	*oh/koo/pa/dough*	ocupado
12. empty	*dace/oh/koo/pa/dough*	desocupado
13. dirty	*sue/see/oh*	sucio
14. clean	*limb/pea/oh*	limpio

Lo importante

Hotel/Restaurant Management

List of Main Personnel

Asst. Sales Manager (m.)
Asst. Sales Manager (f.)
waiter
waitress
waiter
Director of Personnel
Maitre'd
bartender (m.)
inspector
inspectress
head accountant (m. or f.)
hotel guest
Manager of Hotel
  Presidente (m. or f.)
housekeeper (f.)
housekeeper (m.)

telephone operator (m. or f.)
Gift shop attendant (f.)
receptionist (m. or f.)
computer clerk (f.)
computer clerk (m.)
Food & Beverage Director (m.)
Food & Beverage Director (f.)
cook (m.)
cook (f.)
dishwasher (m.)
dishwasher (f.)
head housekeeper (f.)
head housekeeper (m.)
head of maintenance (m. or f.)

Page 5—Student Manual

Lo importante

Mabel and Tom working...(use pronunciation from *problem*: With what 14 Spanish...)

cuatro, tres, siete	ocupado y limpio
cinco, uno, nueve	desocupado y limpio
ocho, cuatro, seis	desocupado y sucio
dos, cero, cinco	ocupado, sucio y tres personas
seis, seis, tres	desocupado y sucio
siete, ocho, nueve	ocupado, limpio y cuatro personas
nueve, cero, tres	ocupado y sucio
cinco, cinco, siete	desocupado y limpio
uno, dos, ocho	desocupado y sucio
seis, siete, uno	ocupado, limpio y cuatro personas

Page 7—Student Manual

1.	*tea/n/nay plue/mah?*	¿Tiene pluma?
2.	*s/cree/bay sue/nome/bray*	escriba su nombre,
	dee/wreck/see/own	dirección
	see/oo/dad	ciudad
3.	*sue nah/see/me/n/toe*	¿su nacimiento?
4.	*new/mare/oh day say/goo/*	¿número de seguro
	row sew/see/ahl	social?
5.	*kwa/dree/toe dose oh trace*	¿cuadrito dos o tres?
6.	*in/me/gran/tay lay/gahl*	¿inmigrante legal?
7.	*ee/lay/gahl*	¿ilegal?
8.	*tea/n/nay e/dent/tea/fee/*	¿tiene identificación?
	kah/see/own	
9.	*kwal ace l/new/mare/oh*	¿cuál es el número?
10.	*dee/ah day x/pier/rah/see/own*	¿día de expiración?

Page 9—Student Manual

Lo importante

NECESSARY COMMANDS

1.	*mahr/kay la tar/hay/tah*	marque la tarjeta
2.	*yeh/bay l oo/knee/for/may*	lleve el uniforme
	(pohn/gah/say)	(póngase)
3.	*(same)*	(same)
4.	*oo/say la plah/kah day-*	use la placa de
	soo nom/bray	su nombre
5.	*say pair/me/tay /fu/mahr*	se permite fumar
	sew/low en l sah/lone	solo en el salón
	day dace/kahn/sew	de descanso

Lo importante

SITUATIONAL DIALOGUE

1.		*yeh/bay l bah/sue/rare/* *oh ah la s/stah/see/* *own day may/say/rohs*	lleve el basurero a la estación de meseros
2.		*pown/gah l four/row* *plah/stee/ko*	ponga el forro-plástico
3.		*pray/pahr/ray l tay* *free/oh*	prepare el té frío
4.		*yeh/nay la yeh/lay/rah* *pour fah/boar*	llene la hielera, por favor
5.		*ah/say/goo/ray/say day* *kay l koo/cha/rone* *s/stah n/sea/mah*	asegúrese de que el cucharón esté encima
6.		*grah/sea/ahs*	gracias

Lo importante

Manual De Empleados

OPEN DOOR POLICY

The rules provide that each employee, regardless of position, will be treated with respect and in a fair manner at all times. Everybody will be considered for a position, promotion, or training on the basis of qualification without regard for race, color, creed, sex, national origin, handicap, age or any other basis protected by law. We recognize that being human errors will be made despite our best efforts. We want to correct these errors as soon as they occur. Your problems may be such that you will want to discuss them directly with your supervisor. Always feel free to do that. We also will listen to any ideas or questions that you may have.

Step 1—Speak with your supervisor and "put your cards on the table." Generally, you and your supervisor will be able to solve your problem.

Step 2—If you have not settled your problem with your supervisor, see the hotel or restaurant manager. He/she will obtain all the facts and try to resolve the problem in a fair and equitable manner.

Step 3—A meeting with your district director.

	Step 4—Conversation with the company vice-president or the vice-president of the corporation in charge of human resources. There will be no discrimination or recrimination against an employee who makes use of this procedure.

Pages 12–13—Student Manual

Lo importante

In the Kitchen (En la Cocina)

1.	*toe/may lahs kah/fay tear/rahs dell fray/ gah/day/row day la/ko/ see/nah*	tome las cafeteras del fregadero de la cocina
2.	*fray/gay/lows kome/ play/tah/ment/tay*	fréguelos completa- mente
3.	*n/hoo/ah/gay/lows e say/ kay soo x/tear/ee/or*	enjuáguelos y seque su exterior
4.	*pray/pahr/ray l kah/fay*	prepare el café

Page 15—Student Manual

Lo importante

At the Wait Station (En la Estación de Meseros)

1.	*ray/bee/say lows r/tea/koo/*	revise los artículos
	lows day pah/pel	de papel
	kone/dee/men/tohs	condimentos
	sahl/sah day toe/mah/tay	salsa de tomate
		(ketchup)
	moe/stah/sah/	mostaza
	ah/dare/ray/sos	aderezos
	ha/lay/ah (me/l)	jalea (miel)
	ha/rah/bay	jarabe
	chris/tah/lair/e/ah	cristalería
	koo/bee/air/tohs	cubiertos
	koo/chee/yohs	cuchillos
	ten/nay/door/race	tenedores
	koo/chah/rahs	cucharas
2.	*limb/pea/eh toe/doe l/*	limpie todo el
	moe/strah/door	mostrador

Page 16—Student Manual

Lo importante

In the Dining Room (En el Comedor, Restaurante)

1.	*pray/par/ray lahs may/ sahs no pway/stahs*	prepare las mesas no puestas
2.	*pray/par/ray...*	prepare...
	lows koo/bee/air/tows	los cubiertos
	lows sen/e/sair/rows	los ceniceros
	lahs ah/sue/kah/rare/ rahs	las azucareras
	lows pea/men/tear/ rows	los pimenteros
	lows sah/lair/rows	los saleros
	kahr/teh/lehs day may/sah	carteles de mesa
3.	*n toe/dahs lahs may/ sahs*	(en todas las mesas)

Page 17—Student Manual

Lo importante

MANUAL DE EMPLEADOS

<table>
<tr><td></td><td>

Equal Opportunity Employer

This company is committed to a policy of equal employment. All procedures will be administered without regard to race, color, creed, religion, ancestry, national origin, age, handicap, sex, marital status, political affiliation or any other basis protected by law.

Probation Period

As a new employer with this company, your initial probation period will consist of the first 90 days of continuous work. This is the time to determine that you are happy with and competent for your job; otherwise, we will part on a friendly basis.

</td></tr>
</table>

Page 15—Student Manual

Lo importante

ORAL REVIEW
(See previous sections)

Verbs Used in the Culinary Arts
(Can you guess what these cognates mean?)

agitar - *ah/he/tar*
agregar - *ah/grey/gahr*
asar - *ah/sahr*　　　　　　　　asar a la parrilla - *ah la par/ree/yah*
calentar - *kah/len/tahr*
cocer - *koe/sair*
cocinar - *koe/see/nahr*
colar - *koe/lahr*　　　　　　　colador - *koe/lah/door*
dorar - *doe/rahr*
enfríar - *n/fre/ahr n/free/ahr*
freír - *fray/ear*　　　　　　　frito - *free/toe*
escurrir - *s/koor/rear*
guisar - *gee/sahr*　　　　　　guisado - *gee/sah/doe*
hervir - *air/beer*　　　　　　hervir a fuego lento - *ah fway/go len/toe*
incorporar - *in/core/pore/ahr*
mezclar - *mes/klahr*　　　　　la mezcla - *lah mace/klah*
picar - *pea/kahr*　　　　　　　carne picada - *car/nay pea/kah/dah*
rallar - *rah/yahr*
revolver - *ray/bowl/bear*　　　huevos revueltos - *way/bows ray/bwel/toes*

Page 22—Student Manual

Restaurant Vocabulary

dessert - *poe/strays*
cream custard - *nay/tea/yah*
caramel custard - *flahn*
pastry, pie - *pay/stel*
sort of cake - *tore/tah*
beverages - *bay/bee/dahs*
(iced) tea - *tay free/oh*
coffee - *kay/fay*
sugar - *ah/sue/kahr*
(mineral) water (un)carbonated - *ah/gwah (me/nair/ahl) cone (seen) gahs*
(cold) milk - *lay/chay free/ah*
chocolate - *choe/koe/lah/tay*
beer - *sair/bay/sah*
(white/red/rosé) wine - *be/no (blahn/koe tean/toe row/say)*

liquor - *lee/core*
Take away the plates, please - *key/tah lows plah/toes pore fah/bore*
glass (water goblet) - *bah/sew*
glass (for wine) - *koe/pah*
cup - *tah/sah*
silverware - *koo/bee/air/toes*
small spoon - *koo/chah/ree/tah*
spoon - *koo/chah/rah*
ladle - *koo/chah/rone*
fork - *ten/nay/door*
knife - *koo/chee/yoh*
There's no more - *Yah no eye*
vegetable - *lay/goom/brace*
rice - *ah/rohss*
carrots - *sahn/nah/or/ree/ahs*
bean - *free/hoe/lace*
noodles - *fee/day/ohs*
potatoes - *pah/pahs*
asparagus - *s/pahr/rah/goes*
green peas - *chee/chahr/rows (Mex.)*
green peas - *gee/sahn/tace (Sp.)*
green peas - *ahr/veh/has*
soup - *sew/pah*
broth - *kahl/dough*
salad - *n/sah/lah/dah*
tomatoe - *toe/mah/tay*
onion - *say/boy/yah*
artichoke - *ahl/kah/cho/fah ahl/kah/uh/seel/*
parsley - *pair/ray/heal*
mayonnaise - *my/yoh/nay/sah*
olive oil - *ah/say/tay day oh/lee/bah*
vinegar - *bee/nay/grey*
meat - *kahr/nay*
veal - *tear/nair/rah (ah/sah/dah)*
filet cooked on griddle - *fee/lay/tay ah la plahn/cha*
chicken - *poe/yoh*
rice with chicken and seafood - *pie/A/yah (ah la bah/layn/see/ah/nah)*
fried eggs - *way/bows(free/toes)*
scrambled - *ray/bwel/toes*
hard-boiled - *dew/rows*
soft-boiled - *pah/sah/doughs pore ah/gwa (tea/bee/ohs)*

Lo importante

Pablo has shown...

1.	*limb/pea/a lah toes/tah/door/ah*	limpie la tostadora
2.	*limb/pea/a lah sew/pair/ rah e lah choc/koh/lah/ tear/rah*	limpie la sopera y la chocolatera
3.	*limb/pea/a ee koo/bra lah bahn/day/ha e lah see/yee/ tah pahr/rah kneen/yohs*	limpie y cubra la bandeja y la sillita para niños
4.	*ahs/spear/ray lay ahl/ foam/bra*	aspire la alfombra
5.	*key/tay I chee/clay ee lah grah/sah day lahs may/sahs cone/tra/poe*	quite el chickle y la grasa de las mesas usando trapo
6.	*limb/pea/a lows mahr/ koes day lahs see/yahs/ (ahr/mah/sew/nace)*	limpie los marcos de las sillas (armazones)
7.	*pray/pahr/ray lows koo/ bee/air/tohs y lahs sair/ bee/yeh/tahs*	prepare los cubiertos y las servilletas
8.	*yeh/nay lows sahl/lair/ rows (pea/men/tear/rows)*	llene los saleros (pimenteros)
9.	*pray/pahr/ray bane/tea/ kwa/troe doe/say/nahs day kah/nahs/stee/yahs day pahn e/tahl/lee/ah/no*	prepare veinti- cuatro docenas de canastillas de pan italiano
10.	*core/tay n me/tah/dace lows lee/moh/nace e koo/brah/lows (pah/pahs ah/pea/oh mahn/sah/nahs*	corte en mitades los limones y cúbralos (papas, apio, manzanas)
11.	*kue/bra lohs poe/strace*	cubra los postres
12.	*limp/pea/A I bay/bay/ dare/oh*	limpie el bebedero
13.	*limb/pea/A I ah/bray/ lah/tahs*	limpie el abrelatas
14.	*lah/bay toe/dahs lahs oh/yahs sahr/tay/nace, kah/say/row/lahs e pohn/ gah/lows n s/stahn/tace*	lave todas las ollas, sartenes, cacerolas y póngalos en estantes
15.	*say/pahr/ray lows koo/ bee/air/tohs*	separe los cubiertos

16.	*pay/lay e core/tay lahs* *pah/pahs*	pele y corte las papas
17.	*yeh/bah/?* *(red/del/pay/low)* *(red/day/sea/yah)*	¿lleva? ¿lleva red del pelo? ¿lleva redecilla?

Page 26—Student Manual

Lo importante

MANUAL DE EMPLEADOS

Work Schedule

Your work schedule is determined by the needs of the hotel (restaurant) and may change from week to week. Check the posted daily schedule and report to work at the assigned time.

Time Clock Procedures

All hourly-paid employees will use a time card. We expect you to punch-in no sooner than five minutes before beginning to work and punch-out no later than five minutes after leaving. It is your responsibility to make certain that your reported time is correct. Punching-in for somebody else is a serious violation of time clock rules and will result in your dismissal from work.

Lo importante

MANUAL DE EMPLEADOS

Overtime Pay

All hourly employees who work more than 40 actual hours each week will not be paid time-and-a-half for these hours. The pay for holidays, vacation, sickdays (non productive time) are not included in the pay determined as overtime pay for 40 hours.

Absence and Tardiness

Tardiness and excessive absence will not be tolerated and may result in disciplinary action, including dismissal. You are required to notify your supervisor as soon as possible and no less than two hours in advance of the report-in time when you cannot report to work or will arrive late. Absence without notification to your supervisor or the manager of the hotel (restaurant) of three consecutively scheduled work days will be basis for the termination of your employment.

Pages 27–28—Student Manual

ADDITIONAL WAITER DUTIES
(TRABAJO ADICIONAL DEL MESERO (A))

Paro los restaurantes Deli y Evergreen

Estacion A:

1. Rellene el ketchup y la mostaza, limpie las botellas y tapas.
2. Limpie las repisas y puertas de los refrigeradores, lave los empaques de goma.
3. Limpie las repisas y puertas de los gabinetes.
4. Lave y rellene los molinos de café.

5. Limpie la cafetera y los platos calientes.
6. Limpie las jarras para calentar café.
7. Revise los paquetes de azúcar (todos), avise si el nivel es bajo.
8. Limpie y organice la repisa superior (de arriba).
9. Llene las canastas de café "para llevar" con vasos de polietileno y tapas.
10. Limpie las cafeteras de la estación.

Estación de Meseros:

1. Limpie y organice las repisas, quite los artículos innecesarios.
2. Limpie y rellene todas las botellas de ketchup y mostaza.
3. Vacíe la repisa superior y límpiela.
4. Limpie las cafeteras de la estación.

Despensa:

1. Cubra todos los helados con las tapas apropiadas y limpie todos los desperdicios.
2. Cambie todos los envases de jarabe, limpie los usados.
3. Limpie la máquina de malteadas y surta los vasos necesarios.
4. Limpie el hornillo. Quite las hojas de lata.
5. Cubra con plástico la vasija de crema batida, cámbiela cuando sea necesario.
6. Cubra los envases de jarabe.
7. Reponga los platos soperos Danish (A.M.)
8. Llene los envases de aderezos, rellénelos cuando el nivel sea bajo.
9. Limpie los envases de aderezos.
10. Corte los postres (En cinco partes cada uno).
11. Cubra los jugos.
12. Limpie el microondas por dentro y por fuera.

Cocina:

1. Limpie y quite las boquillas de la máquina de refrescos.
2. Surta los platos hondos, platos, vasos, teteras y cremeras.
3. Organice y limpie abajo de la cafetera (P.M. mueva perilla a la posición "night stand-by").
4. Limpie y organice las repisas donde se guardan las jaleas.
5. Limpie las jarras de jarabe (A.M.)

6. Cubra la bandeja caliente que contiene las mieleras.
7. Limpie las mesitas de recoger. Quite todas las bandejas sucias, cambie las hojas de lata de abajo.
8. Corte los limones y el queso crema.

Área de Tostadores:

1. Limpie los tostadores, quite los platos, límpielos por abajo.
2. Limpie los gabinetes donde se guardan las canastas, sacuda las canastas.
3. Llene las canastas con galletas saladas (A.M.)
4. Limpie las soperas y vasijas de salsa de chocolate.
5. Surta las cucharas para sopa y platos hondos.
6. Cambie las hojas de lata.
7. Ponga servilletas en las canastas.
8. Surta los platos soperos.

Trabajo Adicional del Ayudante de Mesero (a)

1. Limpie el piso con la aspiradora manual (no-eléctrica).
2. Lave las paredes en la estación A.
3. Organice y limpie los corredores de atrás.
4. Quite los chicles de las mesas.
5. Surta la estación A.
6. Saque la basura de la estación A.
7. Cambie las bolsas de mantelería de la estación A.
8. Cambie los manteles en las mesitas de servicio.
9. Surta la estación de ayudante de mesero (a).
10. Barra la estación A.
11. Limpie la estación de ayudantes de mesero (a).
12. Limpie los armazones de las sillas.
13. Desagüe los depósitos de hielo y límpielos.
14. Lave las mesitas de servicio.
15. Limpie el congelador de helados con la aspiradora para agua (aspiradora industrial).
16. Limpie y cubra las bandejas de las sillitas para niños.

Trabajo Diario Adicional del Mesero (a)

Tareas diarias de cada mesero (a):

1. Doble 40 servilletas con los cubiertos adentro y póngalos en la cubeta que está en el gabinete de la cocina, al lado de las 10 bandejas de servicio (Ver diagrama en doblado de servilletas para cocina).
2. Limpie con un trapo húmedo todas las mesas (incluyendo las de arriba) antes y después de su turno.
3. Sacuda con un cepillo todas las sillas en su sección despues de que ésta haya sido cerrada. No tire migajas al suelo.
4. Limpie las bases de las mesas de arriba y abajo, en su sección.
5. Al inicio y final de su turno, cada mesa debe estar puesta con:
   A. Dos manteles para el centro limpios.
   B. Pequeña garrafa llena con un mínimo de seis palillos de pan.
   C. Una lámpara limpia en el centro.
6. Limpie su estación adicional.

Preparando la Cocina:

1. Prepare una jarra de café, una de café decafeinado y una de agua caliente.
2. Prepare otra jarra de agua caliente, ponga dentro 5 bolsitas de té inglés y déjelas remojando (no en la hornilla). Despues de que el té se haya remojado, póngalo en una jarra grande de vidrio y póngala en la repisa al lado derecho de la cafetera.
3. Asegúrese de que la caja de té esté limpia y llena de todas las variedades de té; siempre debe haber en ella té inglés, regular y decafeinado.
4. Prepare la línea. Una vasija de limones (aproximadamente 15 envueltos). Todos los cuchillos de bisteck y los tenedores de langosta.
5. Llene 24 garrafas pequeñas con palillos largos de pan italiano que se encuentran en la repisa, debajo de la cafetera. Ponga las garrafas llenas en el centro de cada mesa (mínimo de seis palillos).
6. Llene treinta y seis (36) saleros y pimenteros y póngalos en cada mesa.
7. Asegúrese de que haya suficientes platos para postre, tazas para café y salseras para la noche, de acuerdo con la asistencia pronosticada.

Trabajo Adicional a Asignarse:

1. Limones y bandejas
   A. Corte quince (15) limones en mitades, envuélvalos en fundas para limones y ciérrelos con el alambre provisto.

B. Las bandejas. Al final de cada turno, lávelas con agua jabonosa tibia y póngalas boca abajo, una sobre otra, a secar durante la noche. Apílelas al lado de la máquina de café.

C. Vacíe las azucareras y póngalas en el lavaplatos. Reemplácelas con quince (15) tazas soperas limpias que contengan seis (6) bolsitas de azucar con el logotipo del Hotel Fiesta Palace, cuatro bolsitas de azúcar, cuatro de "Sweet n' Low" y dos de substituo de sal.

2. *Pan y Helado*

A. Limpie el calentador de pan por dentro y por fuera.

B. Doble servilletas suficientes para todas las canastas, y veinte (20) adicionales. (Ponga las servilletas adicionales en una canasta grande.)

C. Limpie y organice la repisa sobre el calentador de pan. Solamente debe haber veinte (20) canastas de pan y una canasta grande.

D. Limpie los lados del congelador para helados y organice su interior.

3. *Refrigerador de "Auto-servicio" para postres*

A. Limpie las puertas, repisas, ventanas, rieles, moldes, fondo y paredes del refrigerador.

B. Asegúrese de que todos los postres estén en platos y envueltos.

C. Limpie el bebedero.

D. Reponga todas las hojas de lata en el refrigerador para postres con hojas limpias.

E. Limpie las repisas del refrigerador y organice los artículos.

4. *Estación de café y área del fregadero*

A. Limpie toda el área de la cafetería (repisa) y las rejillas de metal enfrente de la cafetera.

B. Limpie el fregadero; si tiene manchas, use medio paquete de limpiador de cafeteras como lo haría con un limpiador multiuso.

C. Quite todos los objetos y limpie las repisas debajo de las máquinas de café. Cuando reponga los objetos, asegúrese de que haya dos (2) repisas llenas de tazas limpias, un paquete de café decafeinado con la parte superior cortada y un paquete de bolsitas para comida para llevar y envolturas de limón.

D. Limpie el abrelatas.

E. Ordene la superficie del mostrador. Sólo deben quedar sobre el mostrador las jarras de café y las bandejas, cubiertos, y servilleteros.

F. Limpie y organice la repisa que está arriba de las máquinas de café. Debe haber; té, caja de té, doce (12) teteras blancas, doce (12) cremeras blancas, papel plástico, doce (12) vasos par todo uso, y cucharas para té frío.

5. *Orillas y recoger*

A. Después de que el último cliente se haya ido, limpie, con un trapo húmedo, el reborde de las ventanas alrededor de todo el cuarto.

B. Asegúrese de que las superficies de las estaciones adicionales estén vacías.
C. Asegúrese de que todas las mesas tengan ceniceros y fósforos del Hotel Fiesta Palace.
D. Complete cualquiera de las tareas A-C no terminadas.
E. Remueva las garrafas de palillos de pan de las mesas. Lave las garrafas en el lavaplatos y deje que se sequen durante la noche en el mostrador adicional, donde se guardan los saleros y pimenteros.

**Durante su turno, mantenga por lo menos diez (10) garrafas llenas de palillos de pan para reponer en las mesas.

Pages 29–33—Student Manual

Housekeeping

kah/mah/reh/rah - kah/mah/reh/row

1.	*mahr/kay la tar/hay/tah*	marque la tarjeta
2.	*yeh/bay l oo/knee/for/*	lleve el uniforme y
	may e plah/kah day sue nome/	placa de su nombre,
	bray/pore fah/bore	por favor
3.	*ray/pore/tay/say ah*	repórtese a la sala de
	lah sah/lah day dace/	descanso
	kahn/sew	
4.	*oweb/tengah yah/bay*	obtenga llave maestra
	my/ace/strah e lah	y la lista de cuartos
	lees/stah day kwar/toes	para limpiar
	pahr/rah limb/pea/are	
5.	*limb/pea/A lohs dace/*	limpie los
	oh/koo/pah/doughs pree/	desocupados
	mare/oh	primero

trah/bah/ho dee/r/e/oh

1.	*Key/tay l/pole/bow day lohs mway/blace (des/ m/pole/bay/)*	quite el polvo de los muebles (desempolve)
2.	*limb/pea/A lah bow/see/ nah e l oh/ree/koo/ lahr del tay/lay/foe/no*	limpie la bocina y el auricular del teléfono
3.	*limb/pea/A l kro/moe (lew/stray)*	limpie el cromo (lustre)
4.	*ah/spear/ray lohs lew/ gahr/race day pah/sew (pah/see/yows)*	aspire los lugares de paso (pasillos)

men/sue/wahl/main/tay

1.	*key/tay l pole/bow day toe/dahs las pwair/tahs (ahm/bows lah/doughs)*	quite el polvo de todas las puertas (ambos lados)

tree/mace/strahl/main/tay

1.	*bole/tay/a lohs kole/choe/ nace*	voltee los colchones
2.	*A/tea/kay/tah ah la mah/no ees/key/air/dah del kole/chone - in/dee/ khan/dough l mace ah/ pro/pea/ah/dough*	etiqueta a la mano izquierda del colchon- indicando el mes apropiado

day/bear/race ah/dee/see/oh/nah/lace l lew/nace

1.	*lew/stray lohs gahn/ choes day crow/moe ee kahn/nah/stee/yahs day mah/lay/tahss*	lustre los ganchos de cromo y canastillas de maletas
2.	*lah/bay lohs s/pay hoes lah lews ah/ree/bah del lah/bah/bow*	lave los espejos/la luz arriba del lavabo

marh/tace

1.	*key/tay l pole/bow day lahs kah/bay/say/rahs*	quite el polvo de las cabeceras
2.	*ahs/spear/ray toe/dough l kwahr/toe moe/bee/ n/dough los mway/ blace*	aspire todo el cuatro, moviendo los muebles
3.	*l ah/pahr/rah/toe day tel/lay/bee/see/own*	( ) el aparato de televisión
4.	*lohs kah/ho/nace del row/pair/oh cone trah/ poe*	( ) los cajones del ropero con trapo

Pages 37–38—Student Manual

MANUAL DE EMPLEADOS

Personal Appearance

Because our business is one of customer service, it is vital that your cleanliness, your personal appearance and your clothing come first. Remember in the eyes of our customers "*You* are our best image."

Uniforms

Your job requires that you use an uniform which will be provided to you at no cost, except for the shoes. You are required to report to work with that uniform. It must be clean at all times. Tennis shoes are not permitted. Upon termination of your employment with the hotel or restaurant, please return the uniform as explained in the uniform agreement before receiving your final check.

Promotion and Transfer

We are dedicated to helping you with your own training and development; we always try to promote those employees who are qualified, for positions of higher responsibility, including advanced training.

	Drug Abuse
	Drug abuse can have a great variety of effects on an employee and affect negatively the performance of his/her duties. Additionally, drug abuse can be disruptive to the security and well-being of the workplace. To minimize the disruptive effects caused by drug abuse, we demand that individuals afflicted with any degree of addiction seek and obtain professional help.

Pages 39–40 — Student Manual

Teresa, a friend of Pablo's, has...

I me/air/koe/lace

1.	limb/pea/eh I deh/sah/goo/eh day la tea/nah ee I lah/bah/bow	limpie el desagüe de la tina y el lavabo
2.	limb/pea/eh los ben/ tea/lah/door/race ee res/pee/rah/day/roes dell bahn/yo	limpie los ventiladores y respiraderos del baño
3.	kee/tay lahs tel/ lah/rahn/yas n lohs ring/ koe nace (ahn/goo/lohs) (ángulos)	quite las telarañas en los rincones

I way/bace

1.	lah/bay I tell/lay/foe/ no kome/play/tah/man/tay	lave el teléfono completamente
2.	key/tay I pole/bow day lahs lahmp/pah/rahs	quite el polvo de las lámparas
3.	key/tay I pole/bow day lahs pahn/tie/yahs/ kone broe/chah day pean/tar	quite el polvo de las pantallas con brocha de pintar
4.	ray/be/say lahs bome/ bee/yahs	revise las bombillas

Lo importante

I bee/air/nace

1.	key/tay l pole/bow day toe/doughs lows mway/blace	quite el polvo de todos los muebles
2.	limb/pea eh l toobo day/bah/hoe dell lah/ bah/bow	limpie el tubo debajo del lavabo
3.	limb/pea/eh day/trahs day lohs mway/blace kone s/koe/bee/yah	limpie detrás de los muebles con escobilla

I sah/bah/dough

1.	limb/pea/eh lah tell/lay bee/see/yone (l ahp/par/rah/toe)	limpie la televisión (el aparato)
2.	lah/bay toe/dahs lahs ben/tahn/nahs dell in/tear/ree/or	lave todas las ventanas del interior

oweb/hay/toes/pair/dee/dohs

1.	yah/may ah lah oh/fee/ see/nah in/may/dee/ah/ tah/men/tay pore r/tea/ koo/lohs day bah/lore	llame a la oficina inmediatemente por artículos de valor
2.	pohn/gah l r/tea/koo/ low n oo/nah/bowl/sah	ponga el artículo en una bolsa

3.	n/oon/pa/pell s/
	  skree bah
	new/mare/row day
	  kwar/toe
	lah fay/chah
	sue nome/bray
		en un papel, escriba
		número de cuarto
		la fecha
		su nombe

Pages 43–44 — Student Manual

MANUAL DE EMPLEADOS

1. If you are a candidate for a promotion, you must satisfactorily pass a drug test before you aregiven the position. If you fail the test, you will only be considered for promotion or employment upon the presentation of sufficient evidence of successful rehabilitation of drug abuse.
2. Failure to complete a drug rehabilitation program may result in termination.
3. The possession, use or sale of unauthorized or illegal substances in the hotel or restaurant, or while on company business, is prohibited, and will constitute grounds for disciplinary action, including termination.
4. It is your responsibility to report immediately to your supervisor the use of any prescribed medicine which could affect your judgment, behavior or actions.
5. If you observe any other employee using a substance prohibited by the company and its policies, you have the obligation to report it to your supervisor. If you feel that you cannot discuss this with your supervisor, notify your district director.
   **Any provisions conflicting with the law will be modified so as to comply.

Page 45 — Student Manual

In order to communicate...
American Express card - tarjeta de American Express - *tar/hay/tahs Ameri-can Express*
ash tray - cenicero - *sen/knee/sehr/oh*
bag for pillow cases - bolsa para fundas - *bowl/sah pah/rah foon/dahs*
bag for terry cloth items - bolsa de toallas - *bowl/sah day toe/eye/yahs*
bath soap - jabón de baño - *ha bown day bahn/yo*
bath towel - toalla de baño - *toe/eye/yah day bahn/yo*
bulbs -100-Watts - bombillas de cien vatios - *bome/bee/yahs day see/n bah/tee/owes*
clip board - tablero con clip - *tah/blair/oh kohn kleep*
comment cards - tarjetas de comentarios - *tahr/hay/tahs day koh/men/tahr/e/ohs*
double sheets - sábanas dobles - *sah/bah/nahs doe/blays*
envelopes - sobres - *sew/brace*
hand soap - jabón de tocador - *ha/bown day toe/kah/dohr*
hand towel - toalla de mano - *toe/eye/yah day mah/noe*
hangers - ganchos - *gahn/chose*
ice bucket - cubo para hielo - *koo/bow pah/rah/ yeh/low*
ice tray - cubeta para hielo - *koo/bay/tah pah/rah yeh/low*
king-size sheets - sábanas king - *sah/bah/nahs king*
laundry slips - listas de lavanderías - *lee/stahs day lah/bahn/day/ree/ah*
maintenance sheets - listas de mantenimiento - *lee/stahs day mahn/teh/knee/me/ehn/toh*
paper towels - toallas de papel - *toe/eye/yahs day pah/pell*
pencil - lápiz - *lah/piece*
plastic bag - bolsa plástica - *bowl/sah plahs/tee/kah*
plastic glasses - vasos plásticos - *bah/sews plahs/tee/kose*
plastic ruler - regla plástica - *ray/glah plahs/tee/kah*
rags - trapos - *trah/poes*
stopper for door - cuña para la puerta - *koon/yah pah/rah lah pwer/tah*
sanitary bags - bolsas sanitarias - *bowl/sahs sah/knee/tah/ree/ahs*
scrubbies - fregadores - *fray/gah/doe/race*
sheets of paper - hojas de papel - *oh/hahs day pah/pell*
signs "do not disturb". - avisos "do not disturb" - *ah/bee/sews "do not dis-turb"*
T.V. tent - base de TV - *bah/say day tay/bay*
T.V. Guide - Guía de T.V. - *gee/ah day T.V.*
telephone rate clip-on - tabla de precios de teléfono - *tah/blah day pray/see/ohs day tel/lay/foe/no*
tissue boxes - pañuelos de papel - *pah/new/eh/lohs day pah/pell*
tooth brush - cepillo de dientes - *say/pea/yoh day dee/n/tehs*

vaccuum cleaner - aspiradora - *ah/spear/ah/doe/rah*
wash cloth - toallitas para lavarse - *toe/eye/yee/tahs pah/rah/lah/bar/say*
All the room attendants...

Lo importante

1.	*x/plea/kay koe/moe mar/ kar lohs kwar/toes oh/koo/pah/dough des/oh/koo/pah/dough bah/see/oh fwer/rah day sair/be see/oh*	explique como marcar los cuartos ocupado S/O desocupado C/O vacío E fuera de servicio N/S
2.	*des/pwes day trace kwar/toes yah/may ah la ray/sep/see/own*	despues de tres cuartos, llame a la recepción
3.	*x/plea/kay los blahn/ koes*	explique los blancos
4.	*new/mare/oh day (toe/ eye/yahs) day bahn/yo (toe/eye/yahs) par/ rah lahs ma nose sah/bah/nahs foon/dahs toe/eye/E/tahs par/ rah labar/say oo/sah/dough ray/m/plah/sah/dough*	número de toallas de baño toallas para las manos sábanas fundas toallitas para lavarse usado reemplazado
5.	*x/plea/kay I ray/pore/ tay day mahn/ten/knee/ me/n/toe new/mare/oh day kwar/toe ray/par/rah/see/own ray/care/ree/dah fay/chah soh/lee/see/tah/dah fay/chah tear/me/ nah/dah*	explique el reporte de mantenimiento número de cuarto reparación requerida fecha solicitada fecha terminada

l/limp/pea/r/lows/kwar/toes

1.	*limp/pea/e los dace/ oh/koo/pah/dohs pree/ mare/oh*	limpie los desocupados primero
2.	*yah/may ah la pwer/ tah con/ma/no*	llame a la puerta con la mano
3.	*noon/kah goal/pay/yeh cone lah yah/bay*	nunca con la llave
	dee/gah ka/ma/rare/ row day kwar/toe	diga "camarera de cuarto"
	ray/pea/tah ace/toe (dose bay/sace)	repita esto (dos veces)
4.	*pown/gah sue kar/ray/ tea/yah n/fren/tay day la pwair/tah*	ponga su carretilla en frente de la puerta
5.	*cone/la ah/pair/two/rah dahn/doe/ahl/kwahr/ toe*	con la apertura dando al cuarto
6.	*ah/say/goo/ray/lah/ pwair/tah/cone/oo/nah koon/yah*	asegure la puerta con una cuña
7.	*koe/low/kay/lah/ah/ spear/rah/door/rah/ ahl koes/tah/doe dell kwahr/toe*	coloque la aspiradora *al costado del cuarto*
8.	*ohb/ten/gah/l/caddy/ cone/lohs/oo/ten/ see/lee/ohs/par/rah/ limb/pea/r*	obtenga "el caddy" con los utensilios para limpiar
9.	*ehn/see/n/dah toe/dahs lahs loo/sace*	encienda todas las luces
	dell ah/par/ah/door	del aparador
	day lah tell/lay/bee/ see/own	de la televisión
	dell s/kree/tore/ree/oh	del escritorio
10.	*limp/pea/eh l/marko/cone trah/ poe moe/na/dough*	limpie el marco con trapo mojado
11.	*ah/bra lahs ben/tah/ nahs*	abra las ventanas
12.	*ray/be/say lows cone/ moo/tah/door/race dell tahb/blare/row*	revise los conmuta- dores del tablero

I ah/sair la ka/ma

1.	*pree/mare/row, dace/ new/day la ka/ma toe/ tahl/main/tay*	primero, desnude la cama totalmente
2.	*sah/koo/da lahs sa/bah/ nahs ee fra/sah/dahs ray/be/say lohs r/ tea/koo/lohs*	sacuda las sábanas y frazadas; revise los artículos
3.	*noon/kah pown/gah la row/pah day ka/ma n l sway/low*	nunca ponga la ropa de cama en el suelo
4.	*ray/be/say la koo/bee/ air/tah dell cole/chone pore mahn/chahs e sue/see/e/dahd*	revise le cubierta del colchón por manchas y suciedad

Pages 48–49 Student Manual

Lo importante

Sexual Harassment

We believe that all employees have the right to work in an atmosphere that is free from sexual harassment. Therefore, no employee, either male or female, will be subject to:

1. Unwanted sexual advancements, requiring sexual favors or any other sexual conduct of a verbal or physical nature.
2. Comments or unwanted derogatory sexual gestures.
3. Any attempt to penalize or punish a person for refusing or objecting to the actions mentioned above.

Violation of these guidelines will result in appropriate disciplinary action, possibly including dismissal.

Any action by another constituting sexual harassment should be reported to the manager of the hotel (restaurant). In the event that you cannot discuss this matter with your supervisor, please contact your district director or the company vice-president.

Lo importante

Rules of Conduct

Listed below are some, but not all, of the violations which may result in disciplinary action, including termination of employment.

1. Supplying false information when making your job application.
2. Reporting to work under the influence of drugs or alcohol, drinking alcohol, or using drugs or the possession of either during scheduled work time.
3. Immoral, immature, or indecent conduct, either to help or as an accomplice for any of the above.
4. Refusing to obey (insubordination) the order of a supervisor, manager, or assistant, or acting contrary to specific instructions.
5. Robbing or stealing property belonging to a guest or employee of the company, or the unauthorized removal of any such property, including lost/found items.
6. Disrespectful conduct including betting or fighting, verbal or physical, on company property; coercion, intimidating actions or threats against guests, supervisors or company employees.
7. Abuse, misuse or destruction of property belonging to the company, a guest, or other employee.
8. Smoking in non-designated areas (smoking is only permitted in the break room) or unauthorized use of the telephone.
9. Failure to report to work when scheduled without giving a two-day prior notice to your supervisor. (Employees must speak directly to the manager or supervisor two hours before the scheduled time to work and provide the reason for the absence and the date of intended return.)

10. Making or publishing malicious, untrue and/or vicious statements regarding an employee, supervisor, guest, or the hotel (restaurant).
11. Failure to report immediately accidents, no matter how slight, to your manager or supervisor.
12. Failure to be clean and well-groomed at the workplace. Failure to use the prescribed clothing (uniform and name tag included).
13. Unauthorized distribution of literature of any kind in a work area at any time. Placing or removing notices, signs or writing in any form on the bulletin board, property of the hotel (restaurant) or guest property.
14. Using business phones for personal calls. Unauthorized presence in areas not included in your job responsibilities.
15. Releasing information related to the business of the hotel (restaurant) or information concerning any guest to another party.

WARNING: The company reserves the right to examine any package in possession of an employee leaving or entering company property.

Depending upon the circumstances, employees will be subject to verbal warning and/or written warnings, up to and including dismissal of the employee, at the discretion of the hotel (restaurant).

Pages 51–53—Student Manual

ah/sair lah kah/ma

1.	par/rah gah/nahr tea/ m/poe by/yah ahl kwar/ toe day bahn/yoh	para ganar tiempo, vaya al cuarto de baño
2.	reh/koh/ha lahs toe/eye/yahs e kwehn/tay/lahs	recoja las toallas y cuéntelas
3.	say/par/ray low sue/ see/oh	separe lo sucio
	bowl/sah par/rah sah/bah/nahs	bolsa para sábanas
	foon/dahs	bolsa para fundas
	toe/eye/yahs	bolsa para toallas
4.	mar/kay/lahs toe/eye/yahs n la lee/stah	marque las toallas en la lista
5.	ah/gah la ka/ma day ahm/bows la/doughs	haga la cama de ambos lados
6.	plea/A/gay la sah/bah/na ah la/kah/bay/say/rah e ahl pea/eh	pliegue la sábana a la cabecera y al pie
7.	plea/A/gay lohs la/doughs ah/gah ahn/goo/lows day owe/spee/tahl	pliegue los lados, haga ángulos de hospital
8.	sah/koo/dah la pay/lew/ sah koo/bra kone foon/ dahs frays/kahs	sacuda la pelusa, cubra con fundas frescas
9.	la sew/bray/kah/ma day/ bay cole/gahr e/gwahl /n ahm/bows lah/doughs oo/nah pull/gah/dah dell pea/sew ahl pea/eh	la sobrecama debe colgar igual en ambos lados una pulgada del piso al pie

limb/pea/r I door/me/tore/ree/oh

1.	*by/yah/ahl/s/ skree/tore/ree/oh*	vaya al escritorio
	key/tay I pole/bow day n/see/mah	quite el polvo de encima
	limb/pea/eh/lah/bow/ see/nah	limpie la bocina
	ray/be/say I sen/knee/ sair/row e lohs foes/ fair/rows	revise el cenicero y los fósforos
2.	*by/yah ahl ah/pear/rah/door*	vaya al aparador quite el polvo de
	(see number one)	encima
	lah/bay I s/spay/ho	lave el espejo
3.	*ray/be/say lohs kah/ho/nace day/hey oh/hahs*	revise los cajones deje hojas de papel,
	day pa/pell sew/brace/, gee/yah tell/lay/foe/knee/ kah e main/u	sobres, guía telefónica y menú
4.	*key/tay I pole/bow day la may/see/tah*	quite el polvo de la mesita
5.	*s/stah la Bee/blee/yah n lew/gahr ah/proe/pea/ ah/dough*	¿Está la Biblia en lugar apropiado?
6.	*ehn/day/ray/say lah pahn/tie/yah*	enderece la pantalla
7.	*limb/pea/eh e in/tear/ ree/or day lahs/says/ tahs oo/sahn/dough lee/ key/dough limb/pea/ah/ door*	limpie el interior de las cestas usando líquido limpiador

MANUAL DE EMPLEADOS

Jury Duty

Employees called to jury duty will be permitted the time from work, without compensation, to fulfill the obligation.

Status Changes

You are required to give written indication of any status change noted below to the Salary Department:
1. change of name
2. change of address
3. change of telephone number
4. change of marital status
5. change of IRS deductions
6. change of person to notify in case of an emergency

Lost and Found

Frequently guests lose or forget personal items.
All lost articles will be turned over to the supervisor or manager or the hotel (restaurant) immediately.

Leave of Absence

A leave of absence is a free time extended to employees who have completed six months of continued service. A request for a leave of absence will be considered based on certain requirements. The reasons for supporting a leave should be important and must be included in the list below.

A. Medical Leave

1. To be considered for a medical leave an employee must present a statement from the attending doctor indicating the reasons for the leave and the anticipated date of departure/return.

2. A medical release (at time of returning to work) authorizing the return of the employee to normal duties and signed by the attending physician must be presented before the employee will be permitted to return to work.

Pages 58–59—Student Manual

Lo importante

B. Personal Emergency

1. A personal emergency leave will be authorized at the discretion of the manager.
2. The maximum time for a personal emergency leave of absence is three months, although in cases of extreme necessity the leave may be extended at the discretion of the manager.
3. At any time during the leave, the company may require any information that is considered appropriate with relation to the continuation or extention of the leave.

Employees who fail to return to work the first day scheduled following a leave will be considered terminated as an employee of the hotel (restaurant).

The same position and/or salary cannot be guaranteed to an employee who returns. The hotel (restaurant) will attempt to give the employee the same position if said position is available and needs to be filled.

Vacation time and paid holidays will not accumulate during a leave of absence.

Military Leaves

Military leaves will be granted in accordance with the applicable governmental rules and restrictions.

Emergency Procedures

It is important that you understand the emergency and fire procedures for your area.

Familiarize yourself with the locations of the fire extinguishers and know how to use them.

In the event of an emergency, speak softly and stay calm. Don't shout or run. Remember that panic can cause more harm than the emergency.

In Case of Fire

Obey the following procedures:
1. Call the fire department.
2. Alert everyone about the danger.
3. Close the window and doors toward the fire rooms.
4. Use the equipment to fight fires if no personal danger exists.
5. Telephone the manager of the hotel (restaurant) or your supervisor.

Page 62–63—Student Manual

Lo importante

limb/pea/eh/sah del/bahn/yo

1.	*limb/pea/eh lah bahn/ yair/rah ee la due/cha toe/doughs lows dee/ahs*	limpie la bañera y la ducha todos los días
2.	*noon/ka oo/say toe/eye/ yahs par/rah limb/pea/r*	nunca use toallas para limpiar
3.	*ray/oo/nah dose koo/ bows s/koe/be/yah day ray/tray/tay frah/gah/ dare/rose ee tra/poes limb/pea/ohs*	reuna dos cubos, esco- billa de retrete, fregaderos y trapos limpios
4.	*roe/cee/eh el ray/tray/tay kohn limb/pea/ah/dohr*	rocíe el retrete con limpiador
5.	*oo/say dose trah/poes moe/ha/dose n ka/dah la doe day la core/tea/ nah dell bahn/yoh*	use dos trapos mojados en cada lado de la cor- tina del baño
6.	*fray/gay lohs ah/sue/ lay/hose ee la bahn/yair/ah*	fregue los azulejos y la bañera
7.	*n/ha/gay cone ah/gwah kahl/lee/n/tay*	enjuague con agua caliente
8.	*limb/pea/eh lahs yah/bays (mah/nee/hahs) dell lah/bah/bough cone say/pea/yoh day dee/n/tace*	limpie las llaves (manijas) del lavabo con un cepillo de dientes.
9.	*pohn/gah oohn row/yoh day pa/pel E/he/ain/E/koe ee oohn sen/knee/sair/row nay/ grow day plah/stee/ koe n/see/mah dell tahn kay*	ponga un rollo de papel higiénico y un cenicero negro de plástico encima del tanque
10.	*n kah/dah pear/chair/ row day toe/eye/yahs pohn/gah dose toe/eye/ yahs day bahn/yoh ee oohn/nah toe/ah/yee/tah*	en cada perchero de toallas, ponga dos *toallas de baño y una* toallita
11.	*pohn/gah oohn/nah ahl/foam/brah day bahn/yoh sew/brey lah core/tea/nah day la dew/cha*	ponga una alfombra de baño sobre la cortina de la ducha

Page 61—Student Manual

Lo importante

la/bah/ma/nose

1.	cone limb/pea/ah/door muhl/tee oo/sew limb/pea /eh ell lah/bah/bow ee lah may/sah/dah	Con limpiador multi-uso limpie el lavabo y la mesada
2.	la/bay l s/pay/ho no day/hay lee/knee/ahs knee mahn/chas	lave el espejo; no deje líneas ni manchas
3.	lew/stray l crow/moe in/clue/yen/doe... sue/me/knee/strah/door, day Kleenex pair/chair/roh sue/me/knee/strah/door day pa/pel E/he/ain/E/koe	lustre el cromo, incluyendo... suministrador de Kleenex perchero suministrador de papel higiénico
4.	la/bay la/bahn/day/ha ee koo/bows n ah/gwa tee/bee/ah dee/r/ree/ah/men/tay	lave la bandeja y cubos en agua tibia diariamente
5.	pohn/ga oon sen/knee/ sair/row day bee/dree/ oh n l nay/say/sair day bay/yeh/sah	ponga un cenicero de vidrio en el "neceser de belleza"
6.	pohn/ga dose ba/sews plah/stee/kohs n la bahn/day/ha	ponga dos vasos plás-ticos en la bandeja

ah/spear/ah/door/ah

1.	ah/spear/eh lows pa/see/ yohs day kwar/toe dee/ r/ree/ah/men/tay	aspire los pasillos de cuarto diariamente
2.	koe/me/n/say en la par/ tay mahs lay/ha/nah	comience en la parte más lejana

ah/spear/ah/door/ah cont'd

3.	see/air/ray la bane/ tah/nah ee core/rah lahs core/tee/nahs	cierre la ventana y corra las cortinas
4.	ah/pa/gay lahs lew/sace	apague las luces
5.	pohn/ga la ka/day/nah n poh/see/see/own core/rake/tah	ponga la cadena en posición correcta
6.	ah/spear/ray l hall fwer/rah dell/kwar/toe	aspire el hall fuera del cuarto

cone/duke/ta day ka/mare/rare/rahs

1.	eh/bee/tay goal/pay/r pwair/tahs gree/tar oo oh/troe roo/we/dough	evite golpear puertas, gritar u otros ruidos
2.	no n/tray n l kwar/toe/ cone seeg/noe "do not disturb"	no entre en el cuarto con signo "do not disturb."
3.	see/yem/pray sohn/ree/ ah ee sah/lew/day ah lohs klee/n/tace	siempre sonría y salude a los clientes

Pages 64–65—Student Manual

Lo importante

MANUAL DE EMPLEADOS

Security

The prevention of accidents should be the concern of all guests, employees and management of the hotel (restaurant). Any accident is the result of uncertain work practice, dangerous work conditions or a combination of both. Report any wound and/or accident immediately.

1. Wet floors:
   Even though there may be just a few drops of water, wet floors cause more accidents than any other cause.
   A. Use a wet floor sign.
   B. Clean all spilled water immediately.
   C. When you have to walk on a slippery floor, do it slowly and take smaller steps.
2. Immediately pick up anything that falls on the floor or any foreign object you see on the floor.
3. Look where you are walking at all times, especially through doors, busy corridors and around corners.
4. Lift correctly:
   A. Don't use your back.
   B. Ask for help with large or heavy objects. Ask your supervisor for instructions about lifting heavy objects so as to avoid serious accidents.
   C. Don't try to turn mattresses without a helper.
5. Any accident involving a guest and/or employee, no matter how trivial, must be reported to your superior. Your superior is then responsible for informing the security department.
6. Always ask for instruction before using any kind of equipment with which you have no experience. Don't operate any kind of equipment prohibited by law.

7. Keep public corridors free of electric cables, etc. Don't obstruct a hall completely with a maid's cart while cleaning rooms.
Keep emergency routes free of any obstruction.
8. Sweep, don't pick up, broken glass.
9. Straighten up all disorder...wherever you see it.

Page 66—Student Manual

Lo básico

In any language some words carry more than one meaning and in this "made-easy" guide some Spanish words must be overused so as to ease the student's grasp of vocabulary.

desocupado - empty, unoccupied
revise - check - por telarañas (for cobwebs)
marque - punch-in- la tarjeta (time card)
lleve - wear (el uniforme)
  carry (las cafeteras del fregadero a la estación de meseros) take (el basurero)
  prepare - prepare (el té frío, café) set (las mesas no puestas)
check (los pimenteros)
wrap-up (los cubiertos en servilleta)
cubra - wrap (la bandeja de la sillita para niños)
cover (los postres)
quite - remove (el chicle y la grasa)
clear (los platos de le mesa)
dust (el polvo) desempolve
limpie - clean (todo el mostrador)
wipe-off (la bocina del teléfono)
shine (el cromo) - lustre
reuna, obtenga - get - gather

Lo importante

REVIEW EXERCISE

1. Prepare three responses a front desk clerk could expect of a housekeeper to verify the room rack or check on a room already preblocked (i.e. status of room, room number).
2. You have just arrived at the Hotel Río Grande and Tomás was employed yesterday as a houseboy. Since you have only three days to comply with INS standards and complete his I-9 form, you have called him into your office.
3. After a week Tomás has become a contributing member of the hotel staff and he knows that you are trying to learn more Spanish. Greet him (BUE-NOS DÍAS) and proceed to get him started on his daily work. (i.e. mandatos necesarios)

ORAL REVIEW

Practice saying aloud the following phrases being very careful to try to be exact in their pronumciation. If you have any problems see Lo Básico, following the list to refresh your pronunciation rules.

UNO	LOS PIMENTEROS
DOS	LOS MANTELES
TRES	LOS CONDIMENTOS
CUATRO	LA SALSA DE TOMATE
CINCO	EL KETCHUP
SEIS	LA MOSTAZA
SIETE	NÚMERO DE SEGURO SOCIAL
OCHO	CUADRITO DOS O TRES
NUEVE	INMIGRANTE LEGAL, AUTORIZADO
EXPIRACIÓN	¿TIENE DOCUMENTOS?
LICENCIA DE MANEJAR	PASAPORTE
MARQUE LA TARJETA DE TIEMPO	VISA
FICHE	TARJETA VERDE CON FOTO
USE EL UNIFORME	NÚMERO DEL DOCUMENTO
USE LA PLACA DE SU NOMBRE	CERO
SE PERMITE FUMAR SÓLO EN EL	LIMPIO
SALÓN DE DESCANSO	SUCIO
ADEREZOS	OCUPADO
MIL ISLAS	DESOCUPADA
ROQUEFORT	¿TIENE PLUMA?
ACEITE Y VINAGRE	ESCRIBA SU NOMBRE

JALEA
MIEL
JARABE
CRISTALERÍA; VASOS
TAZAS
PLATOS
CUBIERTOS
CUCHILLO
CUCHARA
TENEDOR
GALLETAS SALADAS
LIMPIE TODO EL MOSTRADOR
EN EL COMEDOR
PREPARE LAS MESAS NO
  PUESTAS
PREPARE LOS CUBIERTOS
LOS CENICEROS
LAS AZUCARERAS
LOS SALEROS

DIRECCIÓN
CIUDAD, PUEBLO
SU NACIMIENTO
(DÍA, MES, AÑO)
LLEVE EL BASURERO A LA
  ESTACIÓN DE MESEROS
PONGA EL FORRO PLÁSTICO
PREPARE EL TÉ FRÍO
LLENE LA HIELERA
ASEGÚRESE DE QUE LA CUCHARA
  ESTÉ ENCIMA
EN LA COCINA
LLEVE LAS CAFETERAS AL
  FREGADERO
FRÉGUELAS
ENJUÁGUELAS Y SÉQUELAS
  COMPLETAMENTE
PREPARE EL CAFÉ
REVISE LOS ARTÍCULOS DE PAPEL